Mathematik

Schülerbuch

Erarbeitet von
Mechtilde Balins
Rita Dürr
Nicole Franzen-Stephan
Ute Plötzer
Anne Strothmann
Margot Torke

Unter Beratung von
Christian Bussebaum,
Mathematisch-
Lerntherapeutisches
Institut Düsseldorf

Illustriert von
Friederike Ablang
Cleo-Petra Kurze
Martina Theisen

Hi

Nachbarzahlen

Gemeinsamer Einstieg in ein neues Thema

Wie heißen die Nachbarzahlen von 43?

Der Vorgänger ist 42, der Nachfolger ist 44.

43 liegt zwischen 42 und 44.

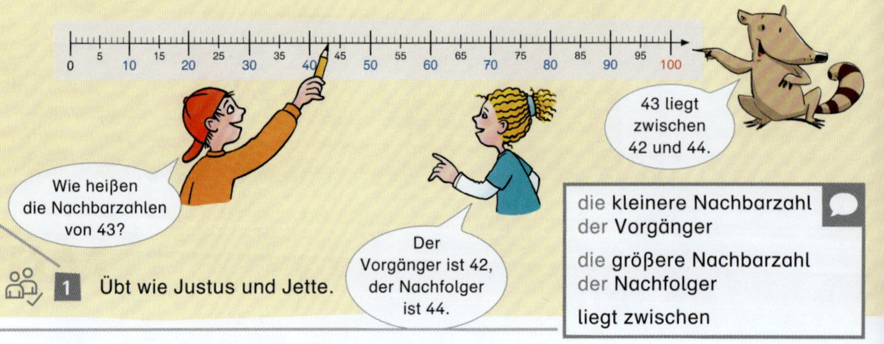

die kleinere Nachbarzahl **der Vorgänger**

die größere Nachbarzahl **der Nachfolger**

liegt zwischen

Wortspeicher: wichtige **Mathe-Wörter**

1 Übt wie Justus und Jette.

einfache Aufgabe

2 Suche diese Zahlen auf dem Zahlenstrahl. Schreibe Vorgänger und Nachfolger.

a) 22 , 23 , 24

a) 23   b) 25   c) 28   d) 31   e) 39   f) 45   g) 47

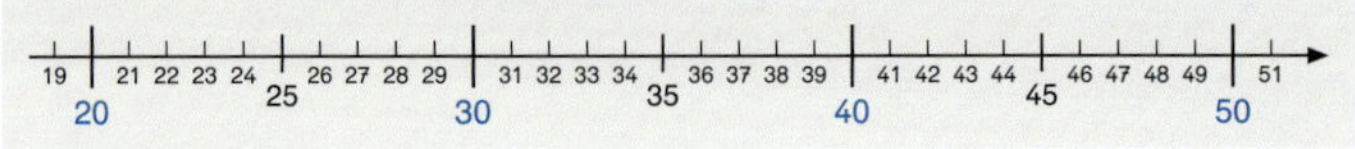

3 Schreibe Vorgänger und Nachfolger.

a) 23 , 24 , 25

a) ▨ 24 ▨   b) ▨ 66 ▨   c) ▨ 42 ▨   d) ▨ 90 ▨
   ▨ 34 ▨   ▨ 67 ▨   ▨ 45 ▨   ▨ 80 ▨
   ▨ 44 ▨   ▨ 68 ▨   ▨ 48 ▨   ▨ 70 ▨
   ▨ 54 ▨   ▨ 69 ▨   ▨ 51 ▨   ▨ 60 ▨

mittelschwere Aufgabe

4 Welche Zahl ist es?

a) Meine Zahl liegt zwischen 30 und 40 und hat 6 Einer.

b) Meine Zahl liegt zwischen 50 und 60 und hat 2 Einer.

c) Meine Zahl liegt zwischen 80 und 90 und hat 8 Einer.

schwierige Aufgabe

5 Welche Zahl ist es?

a) Meine Zahl liegt zwischen 20 und 40 und hat 0 Einer.

b) Meine Zahlen liegen zwischen 40 und 60 und haben 5 Einer.

c) Meine Zahlen liegen zwischen 40 und 50 und sind gerade.

Offene Aufgabe für das Lerntagebuch

Denke dir eigene Zahlenrätsel wie bei den Aufgaben 4 und 5 aus.

28   zum Schülerbuch: Zahlenstrahl

In deinem **Lerntagebuch** sind die Seiten weiß. So hast du viel Platz, um diese Aufgaben ganz **auf deine Weise** zu lösen.

Sprachförderung und Medienkompetenz:

 Wortspeicher

 Klassengespräch

 Spiel

 Gruppenarbeit

 Partnerarbeit

 Partnerübung mit Trainingsplan im AH

 Hier geht es um Medien. Du lernst z. B. erste Grundlagen des Programmierens kennen.

Nachbarzehner

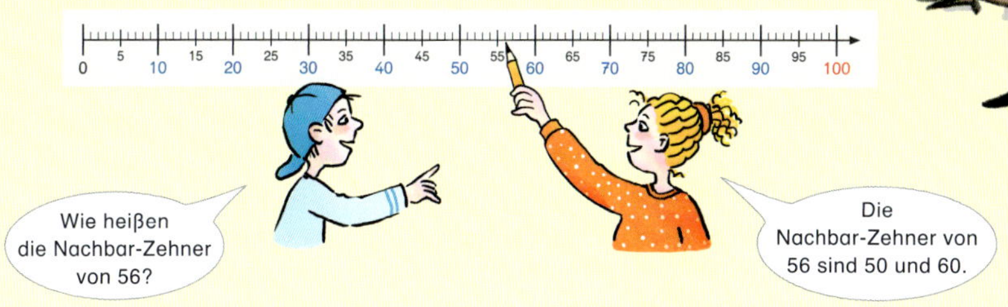

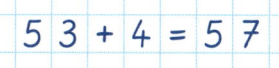

Number line: 0 5 10 15 20 25 30 35 40 45 50 55 60 65 70 75 80 85 90 95 100

Wie heißen die Nachbar-Zehner von 56?

Die Nachbar-Zehner von 56 sind 50 und 60.

So könnt ihr zu zweit üben. Den **Trainingsplan** findest du im Arbeitsheft.

1 Übt wie Jette und Justus.

der Nachbar-Zehner

2 Wie heißen die Nachbar-Zehner?   *a)* 1 0 , 1 2 , 2 0

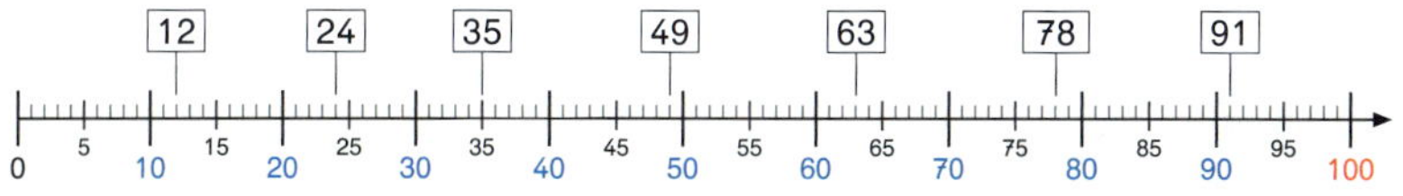

| 12 | 24 | 35 | 49 | 63 | 78 | 91 |

Number line: 0 5 10 15 20 25 30 35 40 45 50 55 60 65 70 75 80 85 90 95 100

Blaue Aufgaben bereiten dich auf gelbe Aufgaben vor.

3 Wie heißen die Nachbar-Zehner?   *a)* 5 0 , 5 7 , 6 0

a) 57   b) 46   c) 34   d) 68
53   76   45   86
59   26   96   17

Mit **gelben** Aufgaben übst du alle wichtigen Inhalte.

4 Kreise bei Aufgabe 3 den Zehner ein, der näher an der Zahl liegt.   *a)* 5 0 , 5 7 , ⑥⓪

5 Zahlenrätsel

Meine Zahl liegt in der Mitte zwischen 90 und 100. Welche Zahl ist es?

Meine Zahl liegt zwischen 70 und 80. Sie liegt näher an der 70. Welche Zahlen können es sein?

Meine Zahl liegt zwischen 50 und 60. Sie liegt näher an der 60. Welche Zahlen können es sein?

Jette

Kim

Justus

Orangefarbene Aufgaben sind manchmal knifflig und du musst ein bisschen nachdenken.

29

Zeichenerklärung:

 Benutze Material.

 Schneide aus.

 Schreibe so in dein Heft:

5 3 + 4 = 5 7

 Male an.

 Markiere.

 Zeichne mit Lineal.

 Kreise ein.

 Arbeite in deinem Lerntagebuch.

Inhaltsverzeichnis

Zahlen | Rechnen | Geometrie | Größen und Sachrechnen | Daten und Zufall

* Situationsabhängig flexibel einsetzbar

Bei dieser Frage muss ich rechnen.

Am Strand sind 14 rote und
4 bunte Sonnenschirme.

Wie viele bunte Sonnenschirme sind es?

Wie viele Sonnenschirme sind es zusammen? 14 +

 1 Erkläre, was Jette meint.

die Frage
die Rechenfrage
die Rechnung

2 Bei welcher Frage musst du rechnen?

Justus taucht 6 Meter weit,
Jette taucht 3 Meter weiter.

Ⓐ Wie viele Meter taucht Justus?
Ⓑ Wie viele Meter taucht Jette?

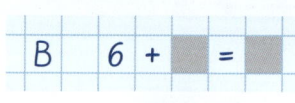

Schreibe so in dein Heft.

3 Bei welcher Frage musst du rechnen?

Am Morgen stehen 12 Wohnwagen auf dem Platz.
Am Abend sind es 5 Wohnwagen mehr.

Ⓐ Wie viele Wohnwagen sind gelb?
Ⓑ Wie viele Wohnwagen sind es am Abend?

Jana hat 18 Muscheln gesammelt.
Ali hat 5 Muscheln weniger gesammelt.

Ⓐ Wie viele Muscheln hat Ali?
Ⓑ Wie viele Muscheln hat Jana?

4 Finde selbst eine **Rechenfrage** zu der Geschichte.
Schreibe sie auf und rechne.

Tobi hat 16 Muscheln gesammelt. Pia hat halb so viele gesammelt.

8 Kinder sitzen am Tisch.
Dann stehen 3 Kinder auf und gehen weg.

Wie viele Kinder sitzen noch am Tisch?
$$8 - 3 = 5$$
5 Kinder sitzen noch am Tisch.

Zu einer Rechenfrage gehören eine Rechnung und eine passende Antwort.

1 Erkläre, was Fredo meint.

die **Rechenfrage**
die **Rechnung**
die **Antwort**

2 Rechne. Welche Antwort passt zur Frage?

6 Kinder sind am Schwungtuch.
Dann kommen 2 Kinder dazu.
Wie viele Kinder sind es zusammen?

Ⓐ ☐ Kinder kommen dazu.
Ⓑ ☐ Kinder sind es zusammen.

3 Rechne. Welche Antwort passt zur Frage?

Beim Fußball spielen 6 Kinder mit gelbem Hemd und 5 Kinder mit blauem Hemd.
Wie viele Kinder sind es zusammen?

Ⓐ ☐ Kinder haben ein gelbes Hemd.
Ⓑ ☐ Kinder sind es zusammen.

In der Klasse 2b sind 20 Kinder, 8 davon sind Jungen. Wie viele Mädchen sind in der Klasse?

Ⓐ ☐ Mädchen sind in der Klasse.
Ⓑ ☐ Jungen sind in der Klasse.

4 Rechne und antworte.

In der Klasse 2a hängen 9 Bilder. In der Klasse 2b hängen doppelt so viele Bilder. Wie viele Bilder sind es in beiden Klassen zusammen?

1   Du hast 10 Euro. Was kaufst du dir?

die Frage
die Rechnung
die Antwort

2   Schreibe Rechnung und Antwort.

a) Frida kauft 1 Ananas
   und 1 Laterne.
   Wie viel Euro muss
   Frida bezahlen?

   ☐ € + ☐ € = ☐ €

   Frida muss ☐ € bezahlen.

b) Fips kauft 1 Trompete
   und 1 Seerose.
   Wie viel Euro
   muss Fips bezahlen?

   ☐ € + ☐ € = ☐ €

   Fips muss ☐ € bezahlen.

3   Schreibe Rechnung und Antwort.

a) Frida kauft 1 Trommel und
   1 Laterne.
   Wie viel Euro muss Frida bezahlen?

a) R: ☐ € + ☐ € = ☐ €

   A: Frida muss ☐ € bezahlen.

b) Fips kauft 3 Bananen und
   3 Ananas.
   Wie viel Euro muss Fips bezahlen?

c) Der Affe kauft 1 Trompete und
   2 Seerosen.
   Wie viel Euro muss er bezahlen?

4   Schreibe Rechnung und Antwort.

a) Der Papagei kauft 3 Laternen,
   3 Ananas und 3 Kokosnüsse.
   Wie viel Euro muss er bezahlen?

b) Die Schlange kauft 4 Laternen und
   doppelt so viele Bananen.
   Wie viel Euro muss sie bezahlen?

Die Trompete kostet 8 €.

$$10 \text{ €} - 8 \text{ €} = \boxed{} \text{ €}$$

$$8 \text{ €} + \boxed{} \text{ €} = 10 \text{ €}$$

 5 Wie viel Geld bekommt Frida zurück? Wie löst du die Aufgabe?

6 Schreibe Rechnung und Antwort.

a) R: _____

A: Der Bär bekommt ☐ € zurück.

a) Der Bär kauft 1 Ananas.
Er bezahlt mit .
Wie viel Euro bekommt
der Bär zurück?

b) Die Schlange kauft 1 Trommel.
Sie bezahlt mit ☐.
Wie viel Euro bekommt die Schlange zurück?

7 Schreibe Rechnung und Antwort.

a) R: ☐ € + ☐ € = ☐ €

A: Fips bekommt ☐ € zurück.

a) Fips kauft 1 Trompete und
1 Banane.
Er bezahlt mit ☐.
Wie viel Euro bekommt Fips zurück?

b) Das Faultier kauft 1 Trompete und
1 Trommel.
Es bezahlt mit ☐.
Wie viel Euro bekommt es zurück?

c) Der Affe kauft 2 Laternen und
2 Trommeln.
Er bezahlt mit ☐.
Wie viel Euro bekommt er zurück?

8 Schreibe Rechnung und Antwort.

a) Der Papagei kauft 3 Laternen,
1 Banane und 2 Trommeln.
Er bezahlt mit einem 20-€-Schein.
Reicht das Geld?

b) Die Schildkröte kauft 2 Bananen,
3 Ananas, 1 Trompete und
1 Trommel. Sie bezahlt mit einem
20-€-Schein. Reicht das Geld?

Finde selbst Rechengeschichten zum Bild.
Schreibe Frage, Rechnung und Antwort.

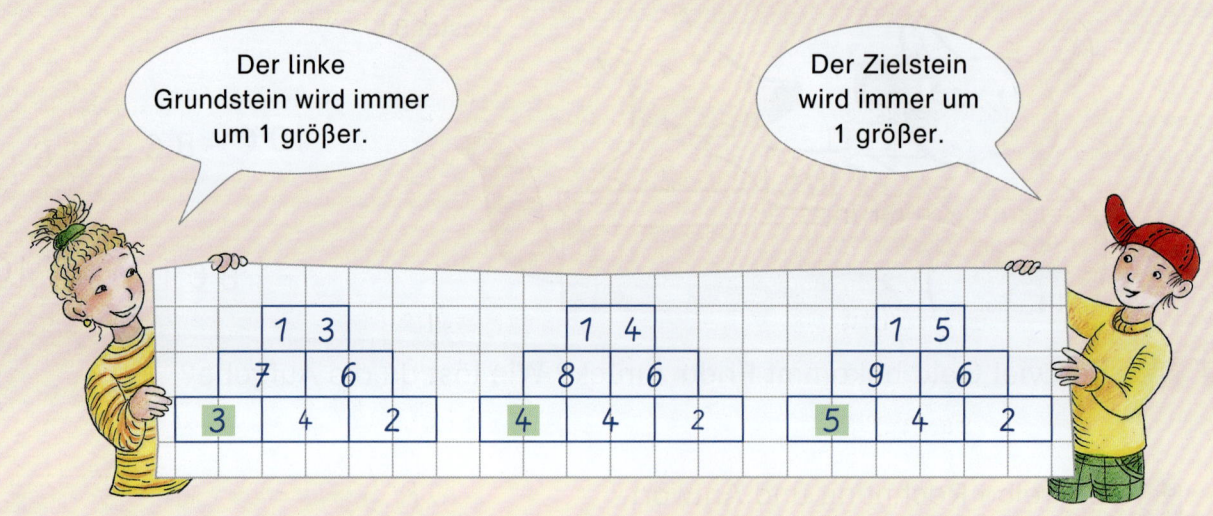

💬 **1** Was meinen Jette und Justus?
Erkläre.

2 Rechne. Wie verändern sich die Zielsteine?

Der Zielstein wird immer …

um ▢ kleiner.

um ▢ größer.

3 Welche Grundsteine verändern sich? Rechne.

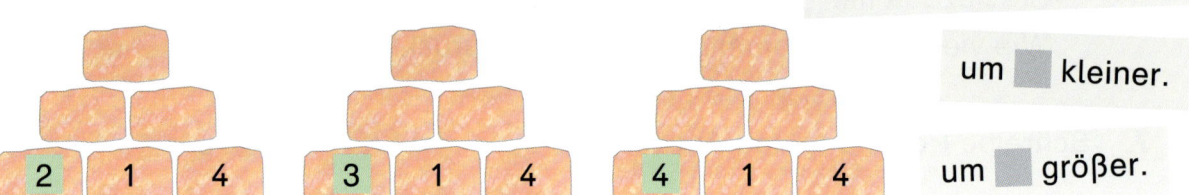

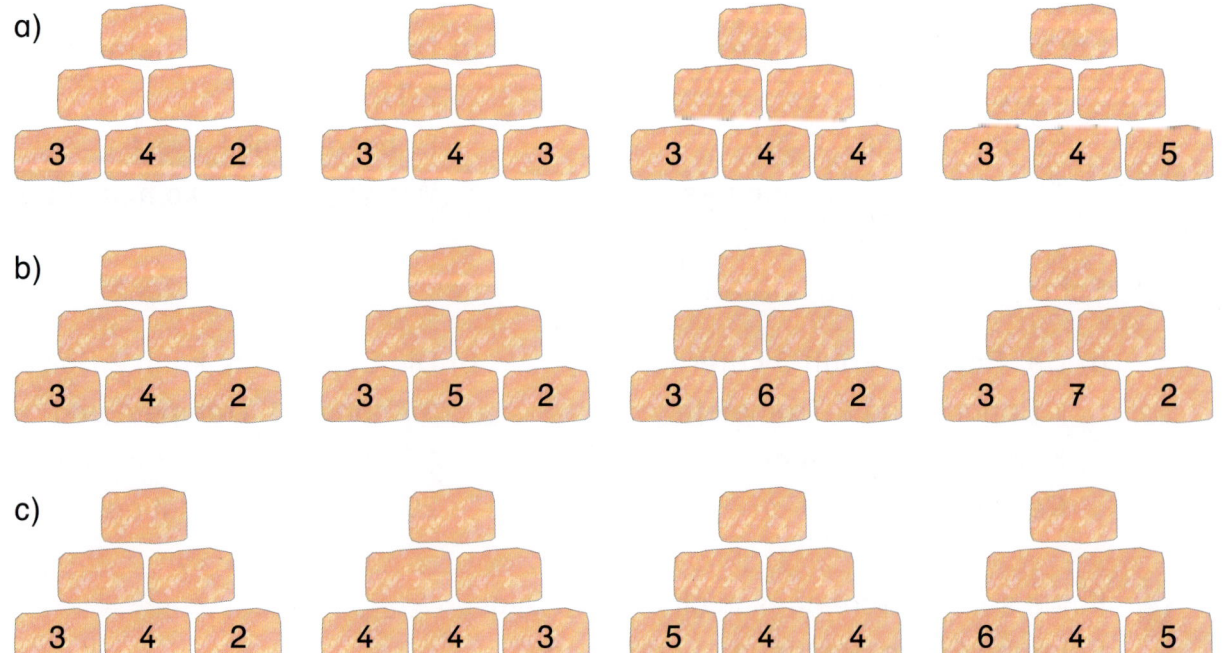

4 Schau dir die Rechenmauern von Aufgabe 3 an. Vervollständige die Sätze.

Der linke Grundstein …

wird immer um  kleiner.

Der mittlere Grundstein …

wird immer um  größer.

Der rechte Grundstein …

Der Zielstein …

bleibt gleich.

a) Der linke Grundstein bleibt gleich.
Der mittlere Grundstein …
Der rechte Grundstein …
Der Zielstein …

5 Welche Grundsteine verändern sich? Wie geht es weiter?
Wie verändern sich die Zielsteine?

a)

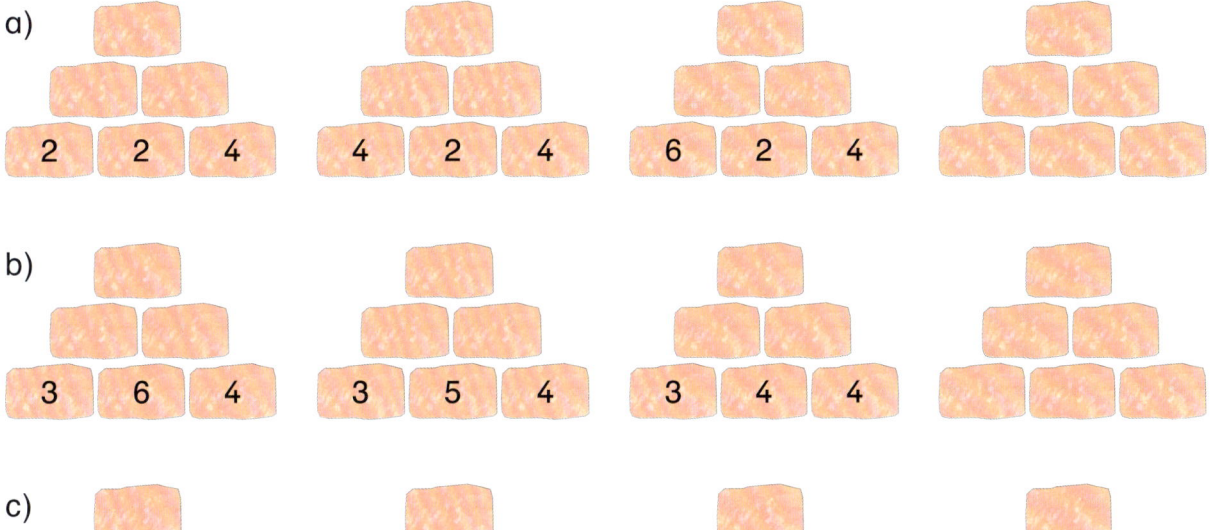

b)

c)

6 Welche Grundsteine verändern sich? Wie geht es weiter?
Wie verändern sich die Zielsteine?

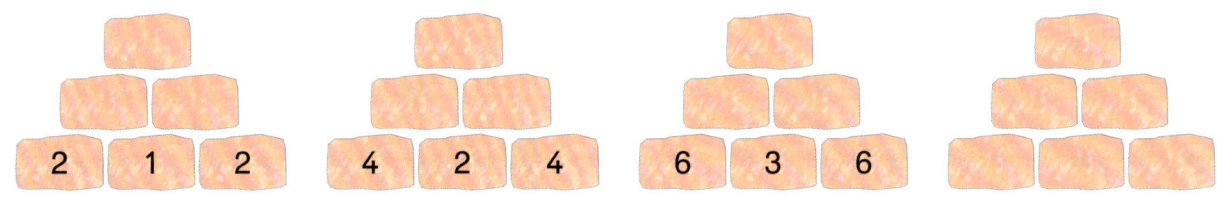

Wähle Zahlen für eine Rechenmauer und verändere die Grundsteine
von Mauer zu Mauer.

Rechnen in Tabellen

Jede Aufgabe beginnt mit einer dunkelgrünen Randzahl.

die Tabelle

+	2	4
5	7	9
6	8	10

← Randzahlen
← Zeile
↑ Spalte
← Randzahlen

Ich trage nur das Ergebnis ein.

1 Erkläre.

---

2 Rechne.

a)
+	3	2	1
4			

b)
+	3	4	5
5			

a)
+	3	2	1
4			

c)
−	1	2	3
6			

d)
−	6	5	4
8			

Zeichne so in dein Heft.

3 Rechne.

a)
+	2	3	4
4			
5			

h)
+	6	5	4
3			
4			

c)
−	1	2	3
7			
8			

4 Rechne.

a)
+	6	7	8
7			
8			

b)
+	6	7	8
6			
9			

c)
−	7	6	5
13			
14			

Zahlenjagd

+	3	4	5	6
3				
4				
5				
6				

Ergebnisfelder:

| 6 | 7 | 8 | 9 | 10 | 11 | 12 |

 1 Spielt zu zweit das Spiel Zahlenjagd.
Was fällt dir auf? Wie kannst du gewinnen?

Es gibt Ergebnisfelder, da kann mich keiner rauswerfen.

 2 Zeichne die Tabelle.
Trage die Ergebnisse ein.
Was fällt dir auf?
Markiere oder schreibe auf.
Hast du neue Ideen,
wie du gewinnen kannst?

+	3	4	5	6
3	6	7		
4				
5				
6				

die Tabelle
die Randzahl
das Ergebnisfeld

die Zeile
die Spalte
die Diagonale

 3 Spielt noch einmal.

 1 Ungerade Zahl gewinnt: Wie spielen Jette und Justus? Erkläre.

 2 Spielt zu zweit.
Ihr braucht ein Spielfeld, Zahlenkarten von 1 bis 20
und 20 Holzwürfel.
Wer zum Schluss die meisten Würfel hat, gewinnt.

> gerade Zahl
> ungerade Zahl
> Paare bilden
> bleibt übrig

 3 Schreibe die Zahlen von 1 bis 20 in dein Heft.
Kreise alle geraden Zahlen grün ein.

4 Gerade und ungerade Zahlen:
a) Schreibe alle geraden Zahlen von 1 bis 20 grün in dein Heft.
b) Schreibe alle ungeraden Zahlen von 1 bis 20 orange in dein Heft.

5 Zahlenrätsel

Ich denke mir eine Zahl.
Sie liegt zwischen 4 und 8
und ist gerade.

b)

Ich denke mir eine Zahl.
Sie liegt zwischen 20 und
16 und ist gerade.

c)

Ich denke mir eine Zahl.
Sie ist größer als 11 und
kleiner als 15.
Sie ist ungerade.

Ich denke mir eine Zahl.
Sie ist die größte ungerade
Zahl kleiner als 20.

a)

d)
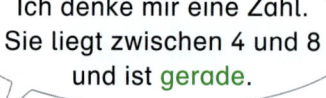

 e) Erfinde eigene Zahlenrätsel. Ein Partnerkind soll sie lösen.

6 Lege und rechne Plusaufgaben mit geraden Zahlen.
Ist die Ergebniszahl gerade oder ungerade? Vermute und überprüfe.

a) 6 + 2
   6 + 4
   6 + 6
   6 + 8

b) 4 + 4
    6 + 4
    8 + 4
  10 + 4

c) 8 + 2
   8 + 4
   8 + 6
   8 + 8

Die Ergebnisse sind hier immer …

Warum ist das so?
Erkläre mit dem Zwanzigerfeld.

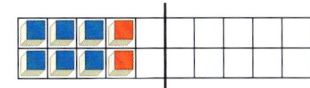

 7 Lege und rechne Plusaufgaben mit ungeraden Zahlen.
Ist die Ergebniszahl gerade oder ungerade? Vermute und überprüfe.

a) 5 + 9
   5 + 7
   5 + 5
   5 + 3

b) 3 + 7
   5 + 7
   7 + 7
   9 + 7

c) 3 + 7
   3 + 9
   3 + 11
   3 + 13

Die Ergebnisse sind hier immer …

Warum ist das so?
Erkläre mit dem Zwanzigerfeld.

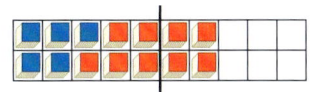

 8 Lege und rechne Plusaufgaben mit geraden und ungeraden Zahlen.
Ist die Ergebniszahl gerade oder ungerade? Vermute und überprüfe.

a) 8 + 11
   8 + 9
   8 + 7
   8 + 5

b) 7 + 4
    9 + 4
  11 + 4
  13 + 4

c) 6 + 13
   6 + 11
   6 + 9
   6 + 7

Die Ergebnisse sind hier immer …

Warum ist das so? Erkläre mit dem Zwanzigerfeld.

 9 Minusaufgaben

a) 18 − 6
  16 − 6
  14 − 6

b) 13 − 5
  11 − 5
   9 − 5

c) 15 − 12
  15 − 10
  15 − 8

Gilt das auch für Minusaufgaben? Probiert es aus.

d) 18 − 14
  18 − 12
  18 − 10

e) 17 − 13
  17 − 11
  17 − 9

f) 14 − 11
  14 − 9
  14 − 7

Finde Plusaufgaben oder Minusaufgaben mit einer geraden Ergebniszahl.
Was musst du beachten?

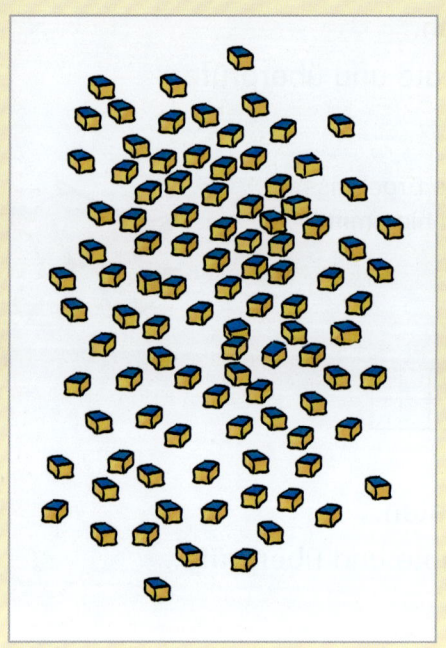

1 Wie viele Würfel sind es?
Wie haben Justus und Jette die Würfel gezählt?

immer 10
bündeln
das Zehnerfeld
der Zehner   Z

2 Wie viele Würfel sind es?

a)

b)

c)

⬜ Würfel   ⬜ Würfel   ⬜ Würfel

3 Wie viele Würfel sind es?

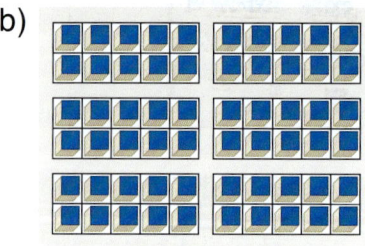

a) 2 volle Zehnerfelder   b) 9 volle Zehnerfelder
c) 7 volle Zehnerfelder   d) 3 volle Zehnerfelder
e) 5 volle Zehnerfelder   f) 6 volle Zehnerfelder
g) 4 volle Zehnerfelder   h) 10 volle Zehnerfelder

10	zehn
20	zwan**zig**
30	drei**ßig**
40	vier**zig**
50	fünf**zig**
60	sech**zig**
70	sieb**zig**
80	acht**zig**
90	neun**zig**
100	hundert

Wo hast du noch Zehnerzahlen gesehen? Male.

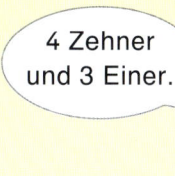
4 Zehner und 3 Einer.

 4 Was hat Jette gelegt?

5 Wie viele Würfel sind es?

a) 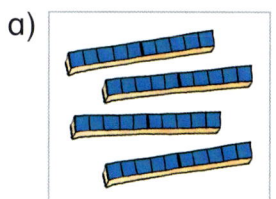   b) 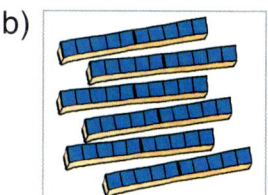   c) 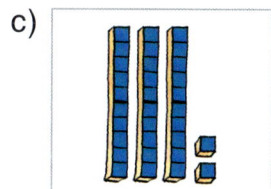   d)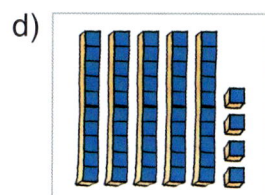

6 Wie viele Würfel sind es? $1\,Z + 7\,E \quad 17$

a) 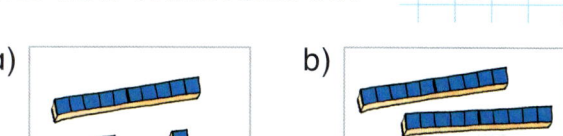   b)

c) 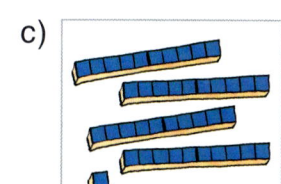   d)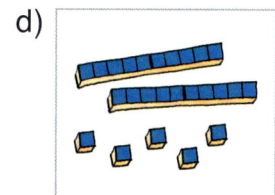

e) 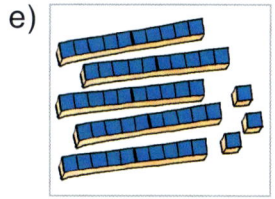   f) 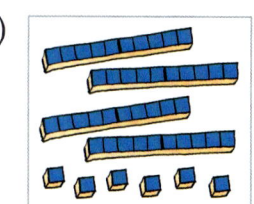   g)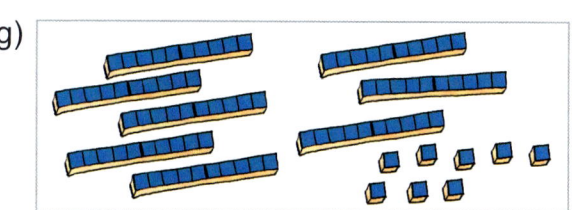

7 Wie heißen die Zahlen?   *a)* $50 + 2 = 52$

a) 5 Z 2 E   b) 3 Z 6 E   c) 7 Z 4 E   d) 8 Z 0 E   e) 9 Z 5 E

f) 6 Z 1 E   g) 4 Z 8 E   h) 1 Z 9 E   i) 5 Z 3 E   j) 2 Z 7 E

8 Welche Zahl ist es?

a) Meine Zahl hat 5 Zehner und keine Einer.
b) Meine Zahl hat 4 Einer und doppelt so viele Zehner.
c) Meine Zahl hat 7 Zehner und genauso viele Einer.
d) Meine Zahl hat 4 Einer mehr als die Zahl 52 und
   3 Zehner weniger als die Zahl 72.

17

> zwanzig,
> ein**und**zwanzig,
> zwei**und**zwanzig,
> drei**und**zwanzig ...

> yırmı,
> yırmı bir,
> yırmı iki,
> yırmı üc ...

2 0
2 1
2 2
2 3

> twenty,
> twenty-one,
> twenty-two,
> twenty-three ...

> Ich **spreche** zuerst die Ziffer **3**: **drei**und**zwanzig**. Aber ich **schreibe** zuerst die Ziffer **2**: **23**.

1 Wie zählen Jette, Justus und Ali?
Was fällt dir auf? Was meint Fredo?
In welcher Sprache kannst du zählen?

die **Zahl**	㉓	**Zahl**
die **Ziffer**	② ③	**Ziffern**

2 Schreibe als Zahlen.

a) drei**ßig**
b) sech**zig**
c) acht**zig**
d) vier**zig**
e) zehn
f) sieb**zig**
g) zwan**zig**
h) neun**zig**
i) fünf**zig**

3 Lege mit den Zahlenkarten und schreibe als Zahlen.

a) 4 2

a) zwei und vier**zig**
b) vier und zwan**zig**
c) sechs und neun**zig**
d) neun und sech**zig**
e) drei und fünf**zig**
f) fünf und drei**ßig**
g) sieben und acht**zig**
h) acht und sieb**zig**

4 Diktiert euch gegenseitig Zahlen und schreibt sie auf.

5 Schreibe als Zahlen.

a) sechsunddreißig
b) dreiundsechzig
c) zweiundsiebzig
d) siebenundzwanzig
e) fünfundachtzig
f) achtundfünfzig
g) neunundvierzig
h) vierundneunzig
i) vierundachtzig

Zahlen zerlegen

1 Legt Zahlen mit den Zahlenkarten und zerlegt wie Jette und Justus.

2 Lege mit den Zahlenkarten. Zerlege in Zehnerzahlen und Einerzahlen.

a) 34, 36, 32, 37, 35

b) 21, 43, 58, 69, 32

$$3\ 4 \rightarrow 3\ 0 \quad 4$$

a) $3\ 4 = 3\ 0 + 4$

3 Zerlege in Zehnerzahlen und Einerzahlen.

a) 43, 45, 56, 67, 78

b) 44, 99, 66, 22, 55

c) 65, 56, 83, 38

a) $4\ 3 = 4\ 0 + 3$

4 Lege mit den Zahlenkarten und rechne.

a) 27 − 7
36 − 6
84 − 4

b) 62 − 2
59 − 9
18 − 8

c) 46 − 6
22 − 2
51 − 1

d) 78 − 8
95 − 5
33 − 3

a) $2\ 7 - 7 = 2\ 0$

5 Rechne.

a) 29 = 20 + ▢
48 = 40 + ▢
57 = 50 + ▢
86 = 80 + ▢

b) 73 = 70 + ▢
51 = 50 + ▢
94 = 90 + ▢
67 = 60 + ▢

c) 45 − ▢ = 40
17 − ▢ = 10
89 − ▢ = 80
56 − ▢ = 50

d) 26 − ▢ = 20
66 − ▢ = 60
32 − ▢ = 30
78 − ▢ = 70

6 Welche Zahl ist es?

a) Ich denke mir eine Zahl. Ich zähle 7 dazu und erhalte 47.

b) Ich denke mir eine Zahl. Ich zähle 9 dazu und erhalte 39.

c) Ich denke mir eine Zahl. Ich ziehe 6 ab und erhalte 30.

d) Ich denke mir eine Zahl. Ich ziehe 8 ab und erhalte 90.

 1 Was meint Fredo? Erkläre.

> das **Hunderterfeld**
> der **Zehner**
> die **Zehnerzahl**

2 Legt Zehnerzahlen im Hunderterfeld.
Wechselt euch ab.

3 Wie heißt die Zahl?

a)   b)   c)   d)

4 Wie heißt die Zahl? Wie viele fehlen bis 100?

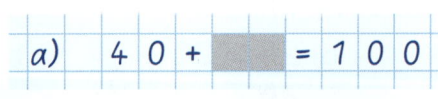

a)   b)   c)   d)

5 Rechne bis 100.

a) $30 + \square = 100$ b) $60 + \square = 100$ c) $40 + \square = 100$ d) $80 + \square = 100$

e) $90 + \square = 100$ f) $20 + \square = 100$ g) $70 + \square = 100$ h) $50 + \square = 100$

60 + 30

70 − 40

Ich lege 3 Zehner dazu.

Ich nehme 4 Zehner weg.

 6 Wie legt Jette die Plusaufgabe? Wie legt Justus die Minusaufgabe?

 7 Lege im Hunderterfeld und rechne.

a) 10 + 40
20 + 30
30 + 10

b) 50 + 10
70 + 30
80 + 10

c) 60 − 20
50 − 10
40 − 20

d) 70 − 40
80 − 10
60 − 20

8 Rechne.

a) 60 + 20
40 + 30
90 + 10
70 + 20
30 + 40
60 + 40

b) 60 + 30
10 + 50
20 + 80
50 + 30
70 + 10
40 + 50

c) 70 − 50
80 − 40
60 − 10
90 − 50
30 − 20
90 − 40

d) 50 − 20
30 − 10
40 − 30
70 − 30
80 − 30
50 − 50

9 Rechne.

a) 20 + ⬜ = 50
40 + ⬜ = 70
30 + ⬜ = 80
10 + ⬜ = 60

b) 60 + ⬜ = 80
50 + ⬜ = 90
20 + ⬜ = 70
30 + ⬜ = 60

c) 90 − ⬜ = 60
60 − ⬜ = 20
40 − ⬜ = 10
70 − ⬜ = 30

d) 80 − ⬜ = 40
50 − ⬜ = 20
60 − ⬜ = 10
90 − ⬜ = 30

10 Rechne.

a) ⬜ + 50 = 70
⬜ + 30 = 90
⬜ + 40 = 50
⬜ + 90 = 90

b) ⬜ − 50 = 50
⬜ − 30 = 50
⬜ − 20 = 0
⬜ − 90 = 10

Hier hilft dir die Umkehraufgabe.

21

60 + 20

Ich lege 60 und lege dann 2 Zehner dazu.

60 + 24

Ich lege 60 und lege dann 2 Zehner und 4 Einer dazu.

1 Wie legen Justus und Jette die Plusaufgaben?
Welche Stelle ändert sich?

das **Hunderterfeld**
der **Zehner**
der **Einer** ▫

2 Lege im Hunderterfeld und rechne.

a) 30 + 10   b) 70 + 20   c) 50 + 30
   30 + 14   70 + 26   50 + 32

d) 40 + 20   e) 20 + 50   f) 60 + 30
   40 + 25   20 + 58   60 + 37

3 Lege im Hunderterfeld und rechne.

a) 30 + 14   b) 20 + 27   c) 60 + 18   d) 40 + 23
   30 + 24   20 + 47   60 + 28   40 + 33
   30 + 34   20 + 67   60 + 38   40 + 43

4 Markiere im Heft: Welche Stelle ändert sich? Rechne.

a) 30 + 50   b) 60 + 4   c) 50 + 29   d) 70 + 4
   30 + 2   60 + 30   50 + 9   70 + 14
   30 + 52   60 + 34   50 + 20   70 + 10

5 Rechne.

a) 30 + ▨ = 57   b) 80 + ▨ = 99   c) ▨ + 5 = 75   d) ▨ + 51 = 61
   20 + ▨ = 45   50 + ▨ = 72   ▨ + 30 = 84   ▨ + 27 = 57
   40 + ▨ = 61   40 + ▨ = 86   ▨ + 43 = 93   ▨ + 8 = 78

58 – 30

Ich lege 58 und nehme dann 3 Zehner weg.

Es ändert sich nur die Zehnerstelle.

6 Was meint Jette? Erkläre.

7 Lege im Hunderterfeld und rechne.

a) 55 – 10
55 – 20

b) 64 – 20
64 – 30

c) 76 – 40
76 – 50

d) 82 – 20
82 – 30

e) 97 – 30
97 – 40

8 Lege im Hunderterfeld und rechne.

a) 57 – 30
57 – 10
57 – 20

b) 83 – 20
83 – 40
83 – 60

c) 46 – 40
46 – 20
46 – 30

d) 72 – 50
72 – 40
72 – 60

9 Rechne.

a) 24 – 10
67 – 30
85 – 30
56 – 20

b) 35 – 30
69 – 40
76 – 50
93 – 60

c) 41 – 20
54 – 30
99 – 80
85 – 50

d) 53 – 40
74 – 20
82 – 60
37 – 10

10 Welche Zahl ist es?

Ich denke mir eine Zahl. Ich ziehe 70 ab und erhalte 12.

Ich denke mir eine Zahl. Ich ziehe 50 ab und erhalte 27.

Meine Zahl ist um 20 kleiner als 74.

Justus

Noemi

Jette

1 Was meint Justus? Erkläre.

2 Rechne zuerst die verwandte Aufgabe.

a) 5 + 3
   35 + 3

b) 6 + 2
   86 + 2

c) 4 + 5
   54 + 5

d) 8 + 1
   78 + 1

e) 2 + 3
   62 + 3

f) 6 + 2
   36 + 2

g) 1 + 7
   41 + 7

h) 6 + 3
   66 + 3

i) 4 + 4
   84 + 4

j) 2 + 6
   92 + 6

3 Schreibe die verwandte Aufgabe und rechne.

a) 85 + 2
   24 + 3
   96 + 1
   17 + 2

b) 74 + 5
   55 + 3
   23 + 6
   32 + 5

c) 77 + 2
   42 + 3
   36 + 3
   91 + 6

d) 84 + 1
   50 + 2
   62 + 4
   73 + 6

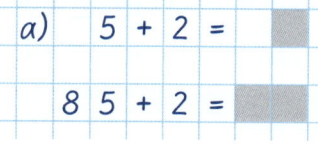

4 Schreibe die verwandte Aufgabe und rechne.

a) 65 + ▨ = 69
   52 + ▨ = 58
   23 + ▨ = 27
   34 + ▨ = 39

b) 81 + ▨ = 87
   44 + ▨ = 46
   96 + ▨ = 98
   12 + ▨ = 17

c) 36 + ▨ = 39
   73 + ▨ = 77
   61 + ▨ = 65
   85 + ▨ = 88

5 Markiere im Heft: Was verändert sich von Aufgabe zu Aufgabe? Rechne.

a) 70 + 20
   73 + 20
   73 + 22

b) 50 + 30
   50 + 34
   52 + 34

c) 20 + 60
   25 + 60
   25 + 63

d) 30 + 40
   30 + 45
   34 + 45

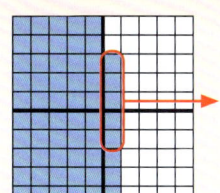

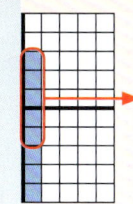

6 Was meint Jette? Erkläre.

7 Rechne zuerst die verwandte Aufgabe.

a) $7 - 4$
$47 - 4$

b) $2 - 1$
$52 - 1$

c) $8 - 2$
$78 - 2$

d) $4 - 3$
$64 - 3$

e) $6 - 5$
$86 - 5$

f) $8 - 7$
$78 - 7$

g) $6 - 3$
$26 - 3$

h) $5 - 4$
$65 - 4$

i) $9 - 7$
$99 - 7$

j) $5 - 5$
$45 - 5$

8 Schreibe die verwandte Aufgabe und rechne.

a) $85 - 2$
$24 - 3$
$96 - 4$
$38 - 5$

b) $75 - 4$
$55 - 3$
$26 - 4$
$67 - 3$

c) $78 - 6$
$43 - 2$
$36 - 3$
$99 - 5$

d) $84 - 1$
$52 - 2$
$69 - 7$
$76 - 5$

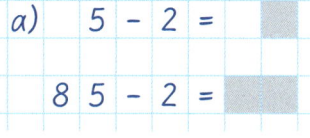

9 Schreibe die verwandte Aufgabe und rechne.

a) $68 - \boxed{} = 63$
$75 - \boxed{} = 72$
$34 - \boxed{} = 31$
$57 - \boxed{} = 54$

b) $49 - \boxed{} = 44$
$86 - \boxed{} = 81$
$28 - \boxed{} = 22$
$67 - \boxed{} = 61$

c) $27 - \boxed{} = 23$
$58 - \boxed{} = 51$
$15 - \boxed{} = 11$
$79 - \boxed{} = 72$

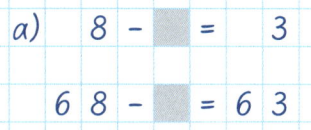

10 Markiere im Heft: Was verändert sich von Aufgabe zu Aufgabe? Rechne.

a) $70 - 20$
$73 - 20$
$73 - 22$

b) $50 - 30$
$56 - 30$
$56 - 34$

c) $60 - 20$
$65 - 20$
$65 - 23$

d) $80 - 40$
$89 - 40$
$89 - 45$

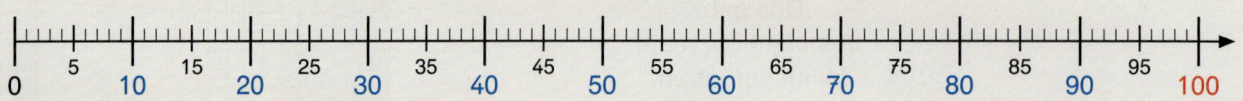

1 Beschreibe den Zahlenstrahl.

der **Zahlenstrahl**
der **Zehnerstrich**
der **Fünferstrich**

2 Welche Zahlen sind es?

A: 5 , B:

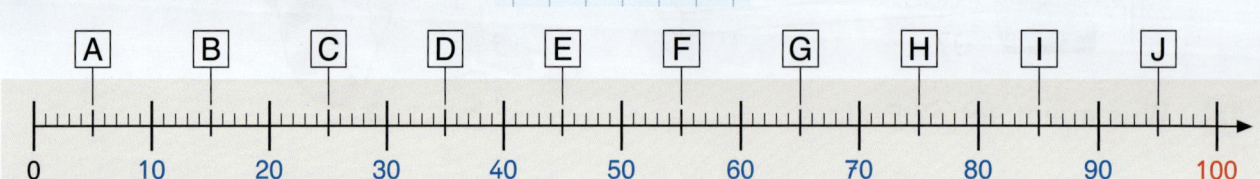

3 Welche Zahlen sind es?

A: 7 , B:

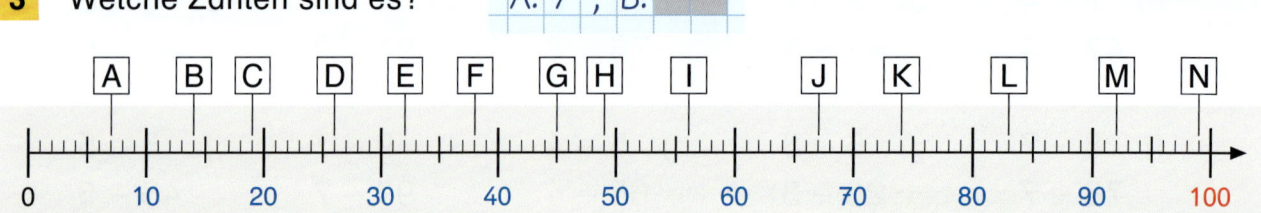

4 Zeigt euch abwechselnd eine Zahl auf dem Zahlenstrahl.
Welche Zahl ist es?

5 Ordne die Zahlen der Größe nach. Beginne immer mit der kleinsten Zahl.

a) 54 27 83 36 14 71 95 68

b) 45 39 54 48 43 50 44 53

a) 1 4 , 2 7 ,

6 Zahlenrätsel

a) Welche Zahlen liegen zwischen 35 und 42?
b) Welche Zahlen liegen zwischen 47 und 54?
c) Welche Zahlen liegen zwischen 64 und 73?

a) 3 6 , 3 7 ,

7 Welche Zahlen könnten es sein?

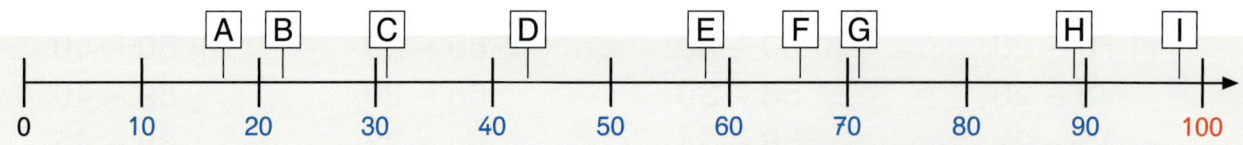

Zählen und Zahlen vergleichen

1 Zähle vorwärts, zähle rückwärts. Schreibe die Zahlen auf.

a) 15, 16 … 26   b) 47, 48 … 57   c) 80, 81 … 90   d) 45, 46 … 54

e) 55, 54 … 45   f) 93, 92 … 83   g) 100, 99 … 90   h) 87, 86 … 78

2 In Schritten **vor** und **zurück** …

a) Zehnerschritte:

7, 17 … 97

93, 83 … 3

b) Fünferschritte:

20, 25 … 50

100, 95 … 50

c) Zweierschritte:

32, 34 … 50

80, 78 … 60

3 a) Zwanzigerschritte:

4, 24 …

b) Elferschritte:

1, 12 …

c) Neunerschritte:

100, 91 …

4 Spielt wie Jette und Justus.

Zahlen stechen

Ihr braucht 20 Zahlenkarten.
Jeder deckt eine Zahlenkarte auf.
Vergleicht!
Die größere (oder kleinere) Zahl
gewinnt. Sieger ist, wer am Schluss
die meisten Karten hat.

Größer!
Ich bekomme
beide Karten.

5 Vergleiche: ⟩ oder ⟨.

a) 2 4 < 4 2

a) 24 ◯ 42

36 ◯ 63

52 ◯ 25

b) 67 ◯ 76

74 ◯ 47

89 ◯ 98

c) 47 ◯ 67

93 ◯ 73

82 ◯ 52

d) 78 ◯ 71

43 ◯ 45

67 ◯ 64

6 Zahlenrätsel

a) Finde Zahlen, bei
denen der Einer
um 2 größer ist
als der Zehner.

b) Finde Zahlen, bei
denen der Einer
doppelt so groß ist
wie der Zehner.

c) Finde Zahlen, bei
denen der Einer
um 2 kleiner ist
als der Zehner.

d) Schreibe weitere Zahlenrätsel.

Nachbarzahlen

Wie heißen die Nachbarzahlen von 43?

Der Vorgänger ist 42, der Nachfolger ist 44.

43 liegt zwischen 42 und 44.

die **kleinere Nachbarzahl** der **Vorgänger**

die **größere Nachbarzahl** der **Nachfolger**

liegt zwischen

1 Übt wie Justus und Jette.

2 Suche diese Zahlen auf dem Zahlenstrahl. Schreibe Vorgänger und Nachfolger.

a) | 2 2 | , | 2 3 | , | 2 4 |

a) 23   b) 25   c) 28   d) 31   e) 39   f) 45   g) 47

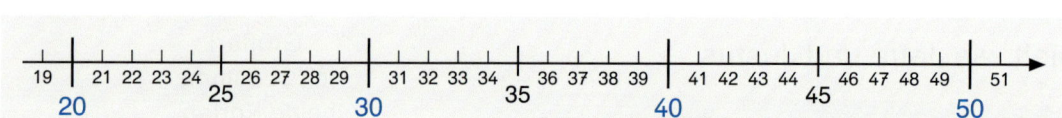

3 Schreibe Vorgänger und Nachfolger.

a) | 2 3 | , | 2 4 | , | 2 5 |

a) ▮ 24 ▮   b) ▮ 66 ▮   c) ▮ 42 ▮   d) ▮ 90 ▮
    ▮ 34 ▮   ▮ 67 ▮   ▮ 45 ▮   ▮ 80 ▮
    ▮ 44 ▮   ▮ 68 ▮   ▮ 48 ▮   ▮ 70 ▮
    ▮ 54 ▮   ▮ 69 ▮   ▮ 51 ▮   ▮ 60 ▮

4 Welche Zahl ist es?

a) Meine Zahl liegt zwischen 30 und 40 und hat 6 Einer.

b) Meine Zahl liegt zwischen 50 und 60 und hat 2 Einer.

c) Meine Zahl liegt zwischen 80 und 90 und hat 8 Einer.

5 Welche Zahl ist es?

a) Meine Zahl liegt zwischen 20 und 40 und hat 0 Einer.

b) Meine Zahlen liegen zwischen 40 und 60 und haben 5 Einer.

c) Meine Zahlen liegen zwischen 40 und 50 und sind gerade.

Denke dir eigene Zahlenrätsel wie bei den Aufgaben 4 und 5 aus.

Nachbarzehner

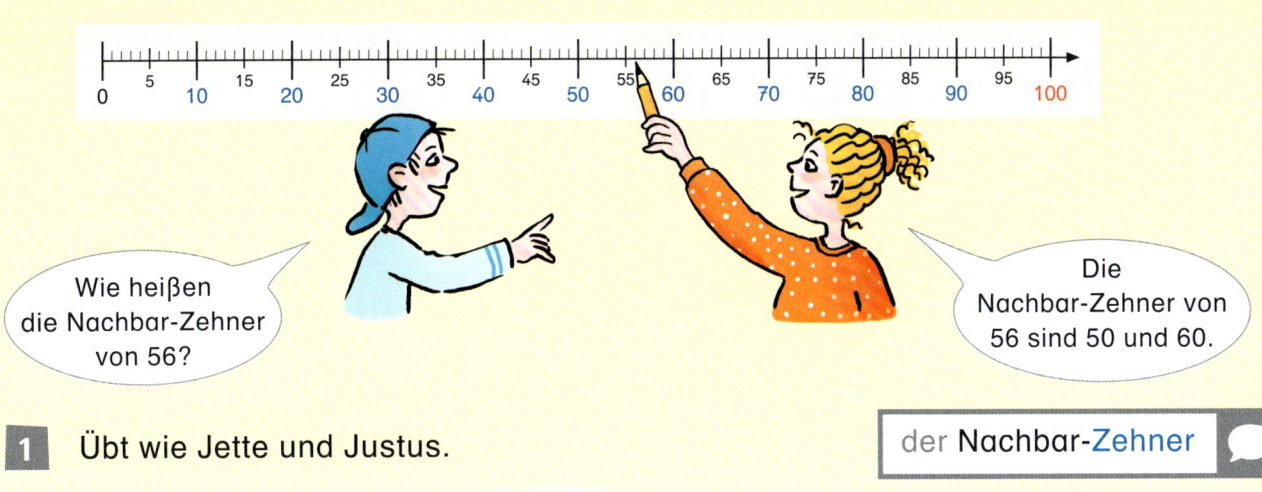

Wie heißen die Nachbar-Zehner von 56?

Die Nachbar-Zehner von 56 sind 50 und 60.

1 Übt wie Jette und Justus.

der Nachbar-Zehner

2 Wie heißen die Nachbar-Zehner?

a) _1 0_ , 1 2 , _2 0_

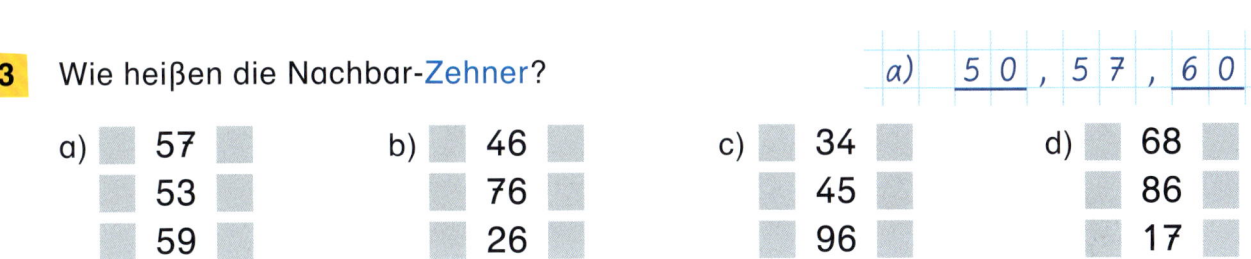

3 Wie heißen die Nachbar-Zehner?

a) _5 0_ , 5 7 , _6 0_

a) ▢ 57 ▢
▢ 53 ▢
▢ 59 ▢

b) ▢ 46 ▢
▢ 76 ▢
▢ 26 ▢

c) ▢ 34 ▢
▢ 45 ▢
▢ 96 ▢

d) ▢ 68 ▢
▢ 86 ▢
▢ 17 ▢

4 Kreise bei Aufgabe 3 den Zehner ein, der näher an der Zahl liegt.

a) 5 0 , 5 7 , ⦿6 0⦿

5 Zahlenrätsel

Meine Zahl liegt in der Mitte zwischen 90 und 100. Welche Zahl ist es?

Jette

Meine Zahl liegt zwischen 70 und 80. Sie liegt näher an der 70. Welche Zahlen können es sein?

Kim

Meine Zahl liegt zwischen 50 und 60. Sie liegt näher an der 60. Welche Zahlen können es sein?

Justus

die **Münze**
der **Geldschein**
der **Geldbetrag**
gleich viel **wert**

 1 Sortiere die Münzen und Geldscheine deines Rechengeldes.
Ordne nach der Größe.

2 Wie viel Cent sind es?

a) b) c)

d) e) f)

3 Wie viel Cent sind es?

a) b)

c) d)

e) f)

 4 Immer fünf Cent-Münzen:

a) Wie viel Geld kann es sein?

b) Welches ist der niedrigste Geldbetrag?

c) Welches ist der höchste Geldbetrag?

 5 Ist das möglich? Probiere und zeichne.

a) Ich habe fünf Münzen. Es sind 60 ct.

Kim

b) Ich bezahle 20 ct mit drei Münzen.

Tobi

c) Ich bezahle 5 ct mit drei Münzen.

Jana

d) Ich habe drei Münzen. Es sind 50 ct.

Emilio

Ich habe zwei Scheine.

Hast du 20 €?

Nein, weniger.

Hast du 15 €?

Ja, richtig!

6 Jeder braucht:

Spielt wie Justus und Jette. Legt Geldbeträge mit zwei oder drei Scheinen.

7 Wie viel Euro sind es?

a) ▢ €

a)

b)

c)

d)

8 Wie viel Euro sind es?

a) ▢ €

a)

b)

c)

d)

e)

f)

 9 a) Immer 50 € in Scheinen: Finde verschiedene Möglichkeiten. Zeichne.

b) Vergleiche mit einem Partnerkind.
Wie viele verschiedene Möglichkeiten habt ihr gefunden?

10 Ist das möglich? Probiere und zeichne.

a) Ich habe drei Scheine. Es sind 70 €.
Kim

b) Ich bezahle 20 € mit fünf Scheinen.
Tobi

c) Ich bezahle 5 € mit zwei Münzen.
Jana

d) Ich habe drei Scheine. Es sind 50 €.
Emilio

31

1 Wie könnte Jette bezahlen?

2 Lege die Geldbeträge mit deinem Rechengeld. Notiere.

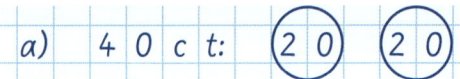

a) 4 0 c t: ⟨20⟩ ⟨20⟩

a) 40 ct   b) 70 ct   c) 55 ct
d) 2 €   e) 2,20 €   f) 1,50 €

3 Lege die Geldbeträge mit deinem Rechengeld. Notiere.

a) 6 5 c t: ⟨50⟩ ⟨10⟩ ⟨5⟩

a) 65 ct   b) 47 ct   c) 95 ct
d) 1,15 €   e) 1,75 €   f) 1,90 €

> 1 Euro = 100 Cent **!**
> 1 € = 100 ct
>
> Das Komma trennt
> Euro und Cent.
> 1,15 € = 1 € 15 ct

4 Schreibe die Kuchenpreise in Euro und Cent auf.

2,2 0 € = 2 € 20 c t

5 Ordne die Kuchenpreise nach der Größe.

1,1 5 € < ▨ € <

6 Robin will von jedem Kuchen ein Stück kaufen. Er hat 12 Euro.
Reicht das Geld? Überlegt gemeinsam.

Welche Dinge kosten ungefähr 1 Euro? Finde verschiedene Beispiele.

7 Wie viel Euro und Cent sind es?

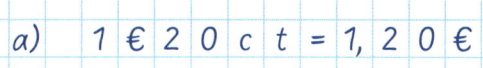

a)    b)

c)    d)

> **!** Das Komma trennt Euro und Cent.
> 1 € 20 ct = 1,20 €

8 Wie viel Euro und Cent sind es?

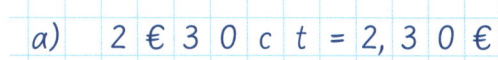

a)    b)    c)

d)    e)    f)

g)   h)

9 Lege immer 1 Euro. Wie viele Münzen benötigst du?

a) mit -Münzen   b) mit -Münzen

c) mit -Münzen   d) mit -Münzen

> **!** 1 Euro = 100 Cent
> 1 € = 100 ct

10 Ergänze immer zu 100 Cent.

a) 70 ct   b) 40 ct   c) 90 ct   d) 65 ct   e) 55 ct   f) 25 ct
g) 28 ct   h) 84 ct   i) 76 ct   j) 53 ct   k) 98 ct   l) 11 ct

11 Am Ende des Tages werden Brote in der Bäckerei zum halben Preis verkauft. Was kosten die Brote nun?

> Nutze dein Rechengeld.

a)   b)   c)   d)

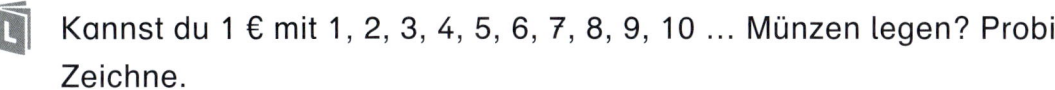

2,20 €   2,80 €   4,20 €   1,80 €

Kannst du 1 € mit 1, 2, 3, 4, 5, 6, 7, 8, 9, 10 … Münzen legen? Probiere. Zeichne.

1 Rechne die Partneraufgaben.

a) 8 + 2   b) 4 + 6   c) 2 + 8   d) 3 + 7   e) 9 + 1

f) 7 + 3   g) 1 + 9   h) 6 + 4   i) 5 + 5

2 Nutze die Partneraufgabe.

a) 5 + 5   b) 3 + 7   c) 6 + 4   d) 2 + 8   e) 1 + 9

   25 + 5   43 + 7   36 + 4   52 + 8   71 + 9

3 Nutze die Partneraufgabe.

a) 4 + ▢ = 10   b) 5 + ▢ = 10   c) 6 + ▢ = 10   d) 7 + ▢ = 10

   24 + ▢ = 30   35 + ▢ = 40   46 + ▢ = 50   57 + ▢ = 60

e) 3 + ▢ = 10   f) 2 + ▢ = 10   g) 8 + ▢ = 10   h) 9 + ▢ = 10

   13 + ▢ = 20   72 + ▢ = 80   68 + ▢ = 70   59 + ▢ = 60

4 Rechne.

a) 62 + ▢ = 70   b) 25 + ▢ = 30   c) 86 + ▢ = 90   d) 34 + ▢ = 40

   37 + ▢ = 40   43 + ▢ = 50   18 + ▢ = 20   29 + ▢ = 30

   54 + ▢ = 60   71 + ▢ = 80   67 + ▢ = 70   77 + ▢ = 80

   83 + ▢ = 90   68 + ▢ = 70   34 + ▢ = 40   52 + ▢ = 60

5 Welche Zahl ist es?

Meine Zahl hat genauso viele Zehner wie Einer. Wenn ich 4 addiere, erhalte ich eine glatte Zehnerzahl.

Jette

Meine Zahl hat doppelt so viele Einer wie Zehner. Wenn ich 2 addiere, erhalte ich eine glatte Zehnerzahl.

Justus

Meine Zahl hat halb so viele Zehner wie Einer. Wenn ich 6 addiere, erhalte ich eine glatte Zehnerzahl.

Ali

Zum Zehner ⊖

1 Rechne zurück zur 10.

a) 18 − 8   b) 17 − 7   c) 19 − 9   d) 15 − 5   e) 11 − 1
f) 16 − 6   g) 12 − 2   h) 14 − 4   i) 13 − 3   j) 20 − 10

2 Rechne zurück zum Zehner.

a) 14 − 4   b) 17 − 7   c) 13 − 3   d) 16 − 6   e) 18 − 8
  34 − 4   47 − 7   63 − 3   56 − 6   78 − 8

3 Rechne zurück zum Zehner.

a) 16 − ▢ = 10   b) 18 − ▢ = 10   c) 14 − ▢ = 10   d) 12 − ▢ = 10
  36 − ▢ = 30   48 − ▢ = 40   54 − ▢ = 50   72 − ▢ = 70

4 Rechne.

a) 29 − ▢ = 20   b) 81 − ▢ = 80   c) 95 − ▢ = 90   d) 73 − ▢ = 70
  47 − ▢ = 40   52 − ▢ = 50   34 − ▢ = 30   58 − ▢ = 50
  63 − ▢ = 60   16 − ▢ = 10   47 − ▢ = 40   84 − ▢ = 80

5 In Schritten: Zum Zehner und dann weiter.

a) 17 − 7 − 1   b) 25 − 5 − 3   c) 58 − 8 − 6   d) 83 − 3 − 9
  13 − 3 − 2   34 − 4 − 5   61 − 1 − 7   95 − 5 − 3
  12 − 2 − 4   46 − 6 − 2   79 − 9 − 5   41 − 1 − 8

6 Notiere alle Aufgaben: Das Ergebnis soll …

a) kleiner als 70 sein.
b) größer als 80 sein.

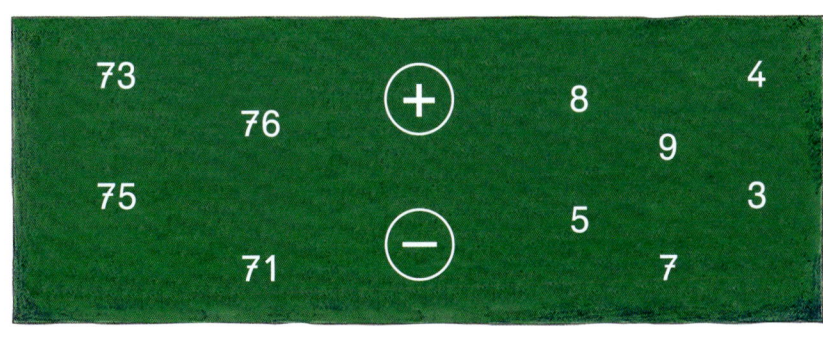

Hier musst du nicht rechnen!

35

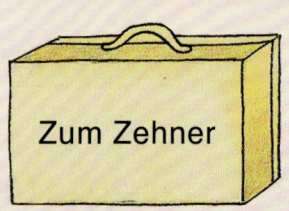

Zum Zehner

47 + 5

Ich fülle zum nächsten Zehner auf.

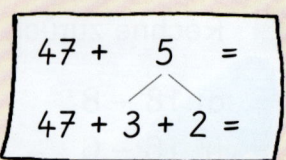

47 +   5   =

47 + 3 + 2 =

1 Erkläre, wie Jette rechnet.

in Schritten die Zehnerzahl auffüllen

2 Lege und rechne wie Jette.

27 + 6   56 + 8   45 + 7   38 + 4

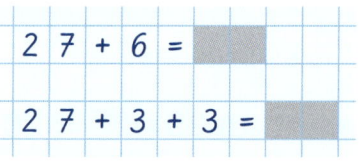

3 Schreibe den Rechenweg auf und ergänze die Lücken.

38 + 9

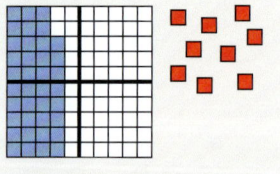

Zuerst lege ich die Zahlen ▨ und ▨.

Dann fülle ich zur nächsten Zehnerzahl auf. Ich lege ▨ Einer.

Zum Schluss lege ich die restlichen ▨ Einer dazu.

56 + 7

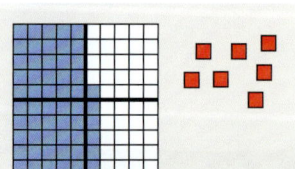

4 Rechne.

a) 27 + 4   b) 53 + 8   c) 67 + 7
   36 + 6   87 + 6   45 + 8
   48 + 7   76 + 5   35 + 7

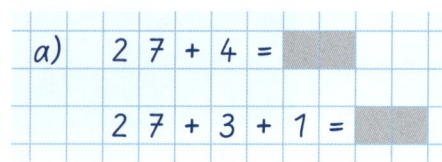

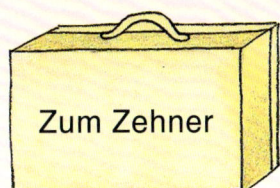

Zum Zehner

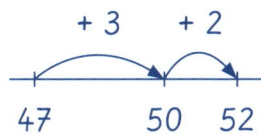

47 + 5

 5 Erkläre, wie Justus seinen Rechenweg notiert hat.

der Rechenstrich
der Rechenschritt
das Zwischenergebnis

6 Rechne. Nutze den Rechenstrich.

a) 38 + 9

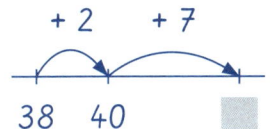

b) 48 + 6

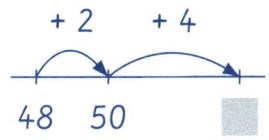

c) 57 + 6

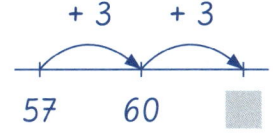

d) 65 + 7

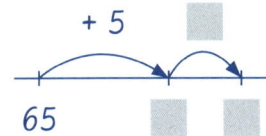

e) 26 + 8

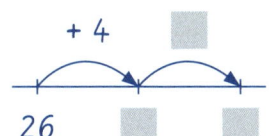

f) 34 + 8

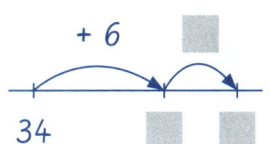

7 Rechne. Nutze den Rechenstrich.

a) 68 + 4
57 + 5
34 + 7
43 + 8

b) 46 + 6
37 + 6
86 + 5
78 + 7

c) 27 + 7
75 + 8
14 + 8
89 + 4

68 + 4 =

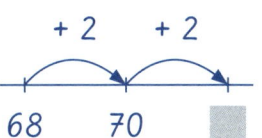

8 Ein Ergebnis – drei Aufgaben: Wähle immer drei verschiedenfarbige Zahlen.

a)

47   6   4
51   7
8   49
5   9

47 + 8 + 7 = 62

49 +   +   = 62

51 +   +   = 62

62

b)

4
5   8
9
28   29
27
6   7

41

c)

6   7
8   42
4
38   41
9   4

53

38 + 9

Zum Zehner — Justus

Mit der 10 — Jette

Zehner und Einer getrennt — Kim

| 3 | 8 | + | 2 | + | 7 | = | 4 | 7 |

| 3 | 8 | + | 1 | 0 | − | 1 | = | 4 | 7 |

| 3 | 0 | + | 1 | 7 | = | 4 | 7 |

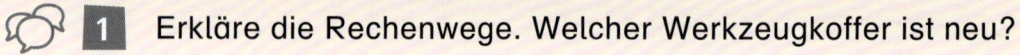

1 Erkläre die Rechenwege. Welcher Werkzeugkoffer ist neu?

2 Rechne.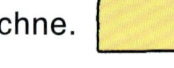

a) 47 + 5
b) 65 + 7
c) 79 + 4
d) 56 + 6
e) 34 + 8

Schreibe so:

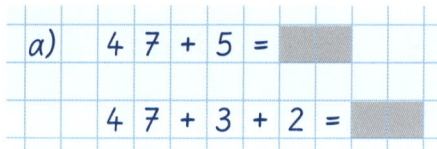

a) 4 7 + 5 =

4 7 + 3 + 2 =

Oder so:

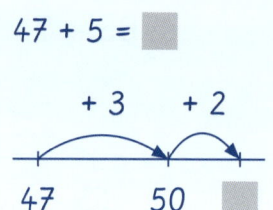

47 + 5 =

3 Welcher Rechenweg wurde gewählt?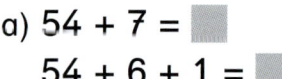

a) 54 + 7 =
   54 + 6 + 1 =

b) 23 + 9 =
   23 + 10 − 1 =

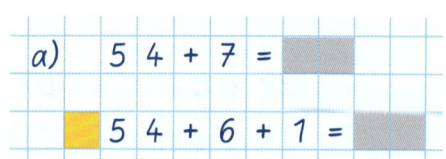

a) 5 4 + 7 =

5 4 + 6 + 1 =

c) 45 + 7 =
   45 + 5 + 2 =

d) 46 + 5 =
   46 + 4 + 1 =

e) 77 + 6 =
   70 + 13 =

f) 55 + 8 =
   50 + 13 =

g) 56 + 9 =
   56 + 10 − 1 =

h) 57 + 6 =
   57 + 3 + 3 =

i) 87 + 5 =
   80 + 12 =

j) 37 + 8 =
   37 + 10 − 2 =

4 Rechne.

a) 27 + 5   b) 38 + 6   c) 55 + 8   d) 46 + 7   e) 64 + 9

5 Rechne. 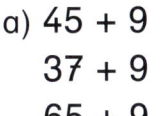   Schreibe so: Oder so:

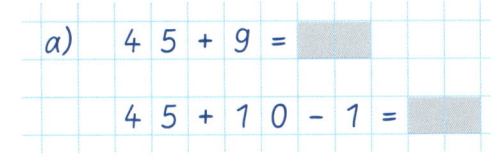

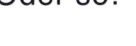

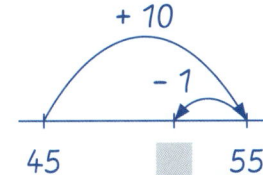

a) 45 + 9
 37 + 9
 65 + 9

b) 56 + 9   c) 23 + 8
 43 + 9   57 + 8
 88 + 8   74 + 8

d) Finde weitere Aufgaben.

Wie geht das bei Aufgaben mit + 8?

6 Rechne.

a) 46 + 7   b) 28 + 6   c) 57 + 5   d) 76 + 4   e) 87 + 5

f) Finde weitere Aufgaben.

7 Entscheide, wie du rechnen möchtest.

a) 56 + 9   b) 85 + 9   c) 67 + 8
 34 + 7   26 + 8   72 + 9
 65 + 6   74 + 7   43 + 9
 37 + 8   57 + 4   68 + 6
 46 + 7   27 + 9   83 + 8

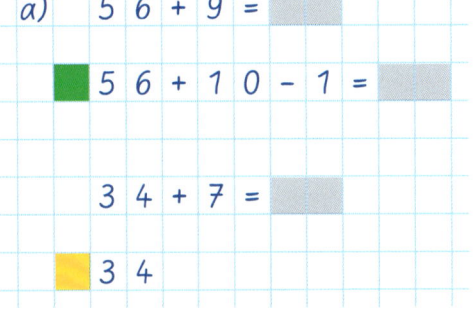

Vergleicht eure Rechenwege.
Habt ihr die gleichen Rechenwege benutzt?

8 Schau den Rechenweg an. Wie heißt die Aufgabe?
Manchmal gibt es verschiedene Möglichkeiten.

a) 67 + 10 − 2   b) 40 + 13   c) 33 + 7 + 2

d) 50 + 15   e) 38 + 10 − 1   f) 66 + 10 − 2

39

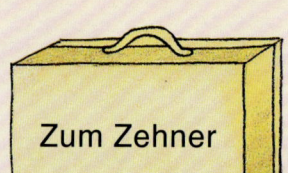

44 – 6

Ich wechsle 1 Zehner in 10 Einer.

44 – 6 =
44 – 4 – 2 =

1 Erkläre, wie Justus rechnet.

wegnehmen
einen Zehner wechseln

2 Lege und rechne wie Justus.

23 – 5   32 – 5   45 – 8   54 – 7

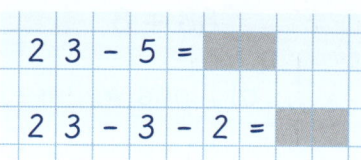

3 Schreibe den Rechenweg auf und ergänze die Lücken.

42 – 7

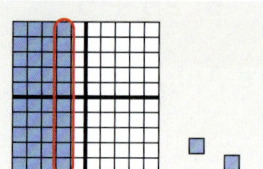 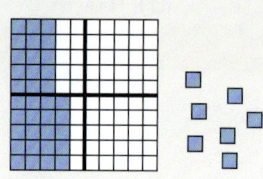

Zuerst lege ich die Zahl ▢.

Dann nehme ich ▢ Einer weg.

Ich wechsle einen Zehner in ▢ Einer.

Zum Schluss nehme ich noch ▢ Einer weg.

53 – 6

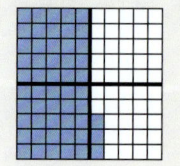 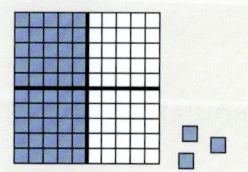 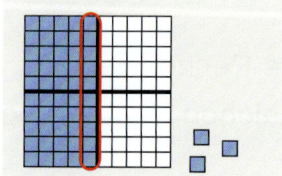 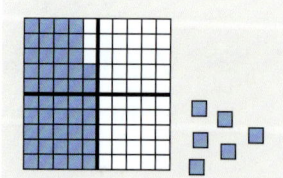

4 Rechne.

a) 21 – 4   b) 33 – 5   c) 42 – 5
   62 – 6   75 – 7   24 – 6
   54 – 7   83 – 6   96 – 8

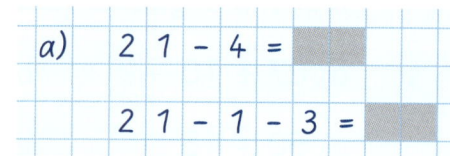

Fredo 2

Mathematik

Das kann ich jetzt!

Dieses Heft gehört:

Cornelsen

Zahlen bis 100

1 Zahlen lesen und schreiben

vierunddreißig   achtundvierzig   dreiundzwanzig

_____   _____   _____

siebenundsechzig   einundneunzig   neunundachtzig

_____   _____   _____

2 Zahlen in Zehnerzahlen und Einerzahlen zerlegen

$35 = \_\_\_ + \_\_\_$ $81 = \_\_\_ + \_\_\_$

$52 = \_\_\_ + \_\_\_$ $26 = \_\_\_ + \_\_\_$

$68 = \_\_\_ + \_\_\_$ $93 = \_\_\_ + \_\_\_$

3 Zahlen am Zahlenstrahl benennen

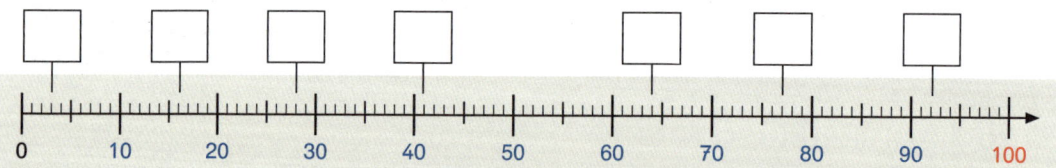

4 Zahlen mit ⟩ und ⟨ vergleichen

56 ◯ 65   62 ◯ 29   47 ◯ 46

79 ◯ 38   77 ◯ 96   36 ◯ 42

49 ◯ 51   82 ◯ 93   85 ◯ 75

Datum: _____ | Hinweise: _____

5 Nachbarzahlen benennen

___ 72 ___   ___ 66 ___   ___ 30 ___

___ 89 ___   ___ 23 ___   ___ 40 ___

___ 45 ___   ___ 51 ___   ___ 50 ___

6 Nachbarzehner benennen

___ 61 ___   ___ 87 ___   ___ 43 ___

___ 22 ___   ___ 34 ___   ___ 76 ___

___ 29 ___   ___ 45 ___   ___ 58 ___

7 Mit Zehnerzahlen rechnen

20 + 50 = ___   90 − 20 = ___

30 + 60 = ___   70 − 60 = ___

40 + 40 = ___   50 − 10 = ___

8 Die verwandte Aufgabe zur Lösung nutzen

2 + 7 = ___   __ + __ = ___   __ + __ = ___

32 + 7 = ___   51 + 6 = ___   46 + 3 = ___

__ − __ = ___   __ − __ = ___   __ − __ = ___

86 − 4 = ___   78 − 6 = ___   57 − 5 = ___

Datum: Hinweise:

Plus- und Minusrechnen

1 Zum Zehner und dann weiter rechnen

57 + 6 =

65 + 7 =

75 − 8 =

34 − 5 =

2 Meinen Rechenweg notieren

87 + 8 =

45 + 6 =

63 − 7 =

22 − 9 =

3 Unterschiede berechnen

Robin hat 52 Murmeln. Jana hat 57 Murmeln.
Wer hat mehr? Wie viele sind es mehr?

Antwort: _____

Olga hat 68 Murmeln. Tobi hat 76 Murmeln.
Wer hat mehr? Wie viele sind es mehr?

Antwort: _____

Datum: Hinweise:

1 Geometrische Körper benennen

_____   _____   _____   _____

2 Geometrische Körper beschreiben

… kann rollen.   … hat 8 Ecken
                        und 6 Flächen.

Es sind insgesamt 4 Kreuze.

Kugel	
Pyramide	
Zylinder	

Kegel	
Quader	
Würfel	

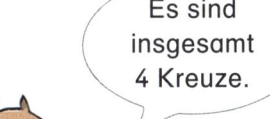

3 Lagebeziehungen benennen

Die Kugel ist _____ dem Quader.

Der Quader ist _____ dem Zylinder.

Der Würfel ist _____ dem Zylinder.

Der Zylinder ist _____ dem Quader und dem Kegel.

4 Zu Würfelgebäuden Baupläne erstellen

 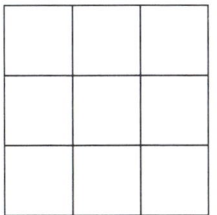  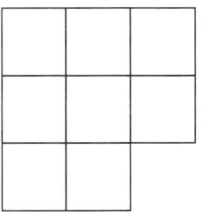

1 Uhrzeiten ablesen

_____ Uhr   _____ Uhr   _____ Uhr

_____ Uhr   _____ Uhr   _____ Uhr

2 Zeitspannen berechnen

_____ h   _____ h

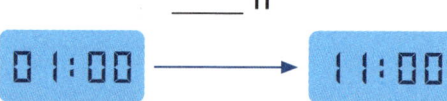   

_____ min   _____ min

3 Zeitpunkte berechnen

Es ist 14 Uhr.

Wie spät ist es …

… in einer Viertelstunde?   _____ Uhr

… in einer Dreiviertelstunde?   _____ Uhr

… in 3 Stunden?   _____ Uhr

Plus- und Minusrechnen

1 Aufgaben mit dem Rechenstrich lösen

$$65 + 36 = \underline{\qquad}$$ $$92 - 48 = \underline{\qquad}$$

65 ———————————| |————————————— 92

2 Meinen Rechenweg notieren

$$68 + 19 = \underline{\qquad}$$ $$25 + 58 = \underline{\qquad}$$

3 Meinen Rechenweg notieren

$$36 - 27 = \underline{\qquad}$$ $$82 - 49 = \underline{\qquad}$$

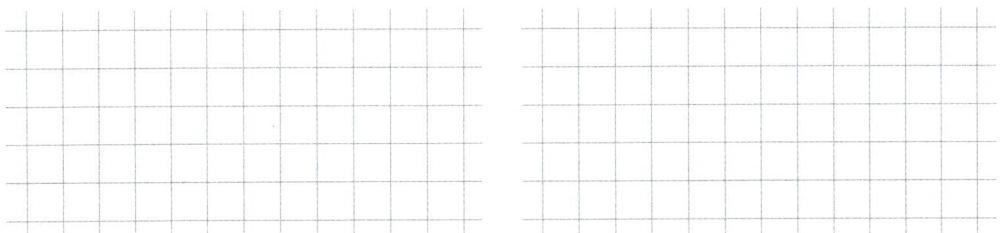

4 Knobelmauern lösen

5 Rechendreiecke lösen

Die Innenzahlen ergeben zusammen jeweils 100.

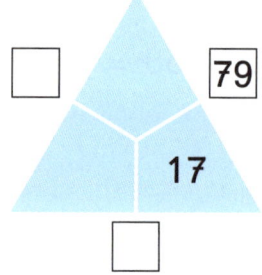

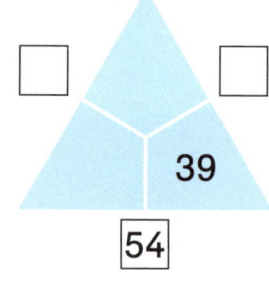

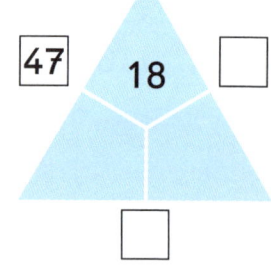

6 Zahlenfolgen erkennen und fortsetzen

47, 51, 55, _____ , _____ , _____ , 71

Die Regel heißt: _____

21, 27, 33, _____ , _____ , _____ , _____ , 63

Die Regel heißt: _____

93, 86, 79, _____ , _____ , _____ , _____ , 44

Die Regel heißt: _____

Datum: | Hinweise:

Daten und Zufall

1 Ein Säulendiagramm zeichnen

	grün	rot	blau
Anzahl	11	8	10

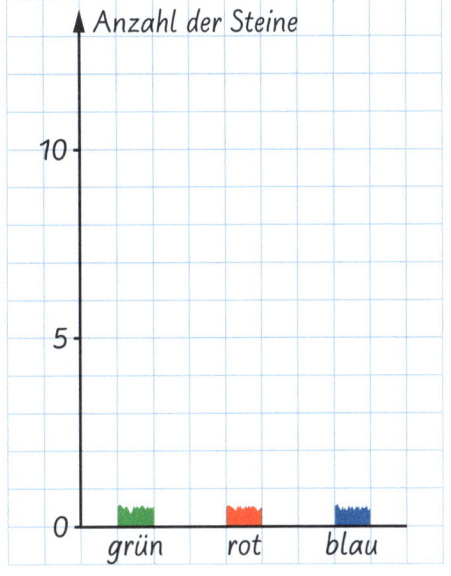

2 Aussagen zur Wahrscheinlichkeit überprüfen

 Kreuze richtige Aussagen an.

☐ Es ist **möglich**, dass ich einen  ziehe.

☐ Es ist **unmöglich**, dass ich einen  ziehe.

☐ Es ist **sicher**, dass ich einen  ziehe.

☐ Es ist **möglich**, dass ich einen  ziehe.

3 Zu einer Aussage ein passendes Bild zeichnen

 Du gewinnst, wenn du einen blauen Stein ziehst. Zeichne ein Säckchen, bei dem es **sicher** ist, dass du gewinnst.

1 Plusaufgaben und Malaufgaben notieren und rechnen

____ + ____ + ____ + ____ = ____   _____

____ · ____ = ____   _____

2 Geteiltaufgaben notieren und rechnen

16 : ____ = ____   18 : ____ = ____   28 : ____ = ____

3 Geteiltaufgaben notieren und rechnen

Es sind 20 Bonbons. Wie viele Bonbons bekommt jedes Kind, wenn es …

a) 2 Kinder sind?   _20_ : ____ = ____

b) 4 Kinder sind?   ____ : ____ = ____

c) 5 Kinder sind?   ____ : ____ = ____

4 Eine Rechengeschichte lösen

Pia hat 10 Euro. Die Fahrt mit dem Bus kostet   _____
2 Euro. Wie oft kann Pia mit dem Bus fahren?   _____

_____

5 Verdoppeln und halbieren

2 · 12 = _____   80 : 2 = ____

2 · 20 = _____   60 : 2 = ____

2 · 35 = _____   50 : 2 = ____

6 Kernaufgaben lösen

5 · 5 = ____   2 · 6 = ____   1 · 9 = ____

10 · 3 = ____   1 · 4 = ____   10 · 6 = ____

10 · 7 = ____   5 · 8 = ____   5 · 7 = ____

7 Zu Malaufgaben Tauschaufgaben bilden und lösen

2 · 7 = ____   5 · 6 = ____   3 · 10 = ____

___ · ___ = ____   ___ · ___ = ____   ___ · ___ = ____

8 Platzhalteraufgaben lösen

2 · ____ = 20   5 · ____ = 35   10 · ____ = 30

10 · ____ = 70   2 · ____ = 16   2 · ____ = 10

5 · ____ = 40   10 · ____ = 10   5 · ____ = 45

9 Zu Geteiltaufgaben Umkehraufgaben bilden und lösen

20 : 10 = ____   45 : 5 = ____   16 : 2 = ____

____ · ____ = ____   ____ · ____ = ____   ____ · ____ = ____

Datum: Hinweise:

1   Muster fortsetzen

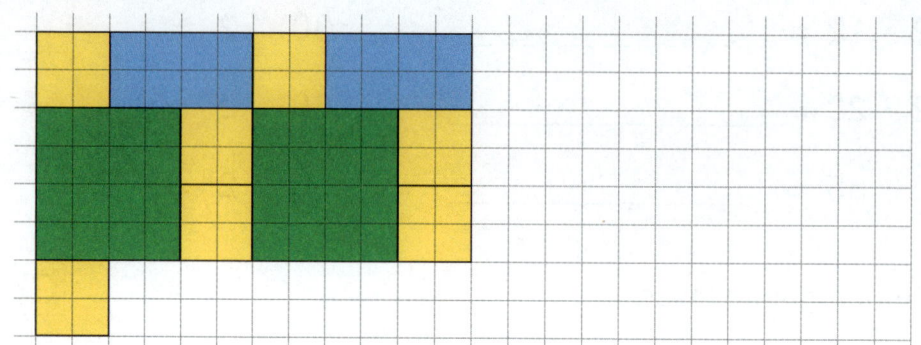

2   Achsensymmetrische Figuren erkennen

   Welche Figuren sind durch einen Faltschnitt entstanden?

   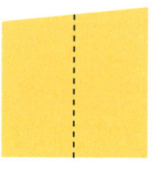      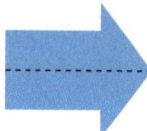

☐   ☐   ☐   ☐

3   Figuren achsensymmetrisch ergänzen

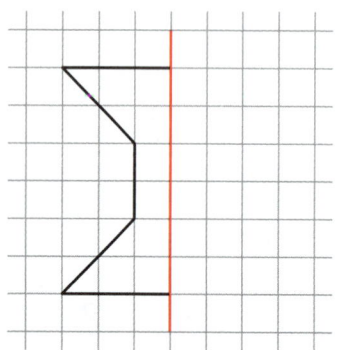   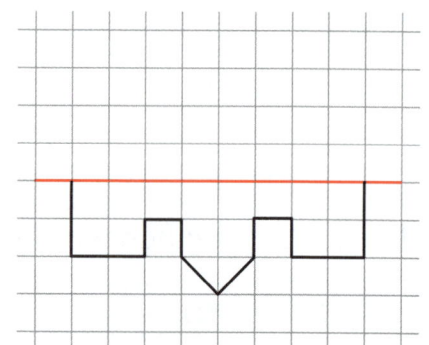

1 Längen genau messen

_____ cm

_____ cm

_____ cm

2 Längenangaben richtig zuordnen

   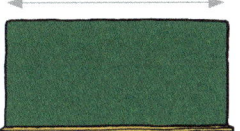 

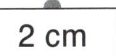 2 cm    2 m    10 cm   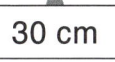 30 cm

3 Längenangaben auf einen Meter ergänzen

20 cm + _____ cm = 100 cm   33 cm + _____ cm = 100 cm

75 cm + _____ cm = 100 cm   19 cm + _____ cm = 100 cm

4 Strecken zeichnen

7 cm

10 cm

Malnehmen und Teilen

1 Malaufgaben mithilfe von Kernaufgaben lösen

3 · 4 = _____   4 · 6 = _____   9 · 7 = _____

⊕ 2 · 4 = _____   ◯ ___ · ___ = _____   ◯ ___ · ___ = _____

1 · 4 = _____   ___ · ___ = _____   ___ · ___ = _____

6 · 8 = _____   7 · 7 = _____

◯ ___ · ___ = _____   ◯ ___ · ___ = _____

___ · ___ = _____   ___ · ___ = _____

2 Geteiltaufgaben lösen

14 : 2 = _____   25 : 5 = _____   80 : 8 = _____

40 : 10 = _____   15 : 3 = _____   18 : 9 = _____

45 : 5 = _____   30 : 3 = _____   16 : 4 = _____

3 Geteiltaufgaben mit Rest lösen

42 : 5 = _____ R _____   21 : 4 = _____ R _____

19 : 2 = _____ R _____   31 : 10 = _____ R _____

4 Zahlenrätsel lösen

Ich denke mir eine Zahl, teile sie durch 5
und erhalte 8. Welche Zahl ist es? _____

Datum: | Hinweise:

Sachaufgaben

1 Informationen aus dem Kalender entnehmen

Kreuze richtige Aussagen an.

	Mai	
	Mo Di Mi Do Fr Sa So	
	1 2 3 4 5	
	6 7 8 9 10 11 12	
	13 14 15 16 17 18 19	
	20 21 22 23 24 25 26	
	27 28 29 30 31	

☐ Der 22. Mai ist ein Mittwoch.

☐ Am 26. Mai ist schulfrei.

☐ Es gibt 5 Sonntage im Mai.

☐ Der 6. Mai ist der erste Montag im Mai.

☐ Der 21. und der 27. Mai sind Dienstage.

2 Kalenderrätsel lösen

17. November

Übermorgen hat Pia Geburtstag. Wann ist das?

_____

In wie vielen Tagen ist der 1. Dezember?

_____

Vorgestern war Laternenumzug. Wann war das?

_____

3 Sachaufgaben lösen

Tobi feiert seinen Geburtstag im Schwimmbad. Er hat 5 Kinder eingeladen. Seine Eltern und sein Opa kommen auch mit.
Wie viel kostet der Eintritt? _____

Eintrittspreise	
Erwachsene:	5 €
Kinder:	2 €
Familienkarte (2 Erwachsene, max. 3 Kinder):	12 €

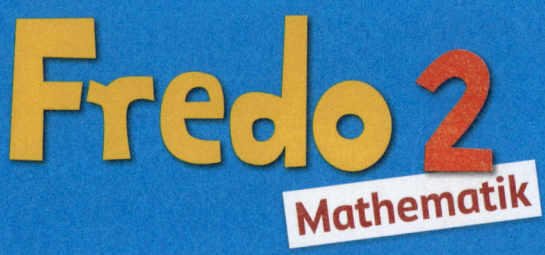

Fredo 2 Mathematik

Das muss ich üben.   Das kann ich gut.

Erarbeitet von: Mechtilde Balins, Rita Dürr, Nicole Franzen-Stephan, Ute Plötzer, Anne Strothmann, Margot Torke

Redaktion: Marlen Dietz, Penny Paulus

Illustration: Friederike Ablang (alle Illustrationen mit Ausnahme der nachfolgend genannten); Cleo-Petra Kurze: S. 5 (Aufgabe 1), S. 10 (Bälle, Eierkartons), S. 13 (Butter, Heft), S. 15; Martina Theisen (Fredo): S. 2, 3, 5, 8, 14; Irina Zinner (Fredo nach Vorlagen von Martina Theisen): Cover

Grafik: Detlef Seidensticker

Umschlaggestaltung: Corinna Babylon und Jule Kienecker, Berlin

Technische Umsetzung: zweiband.media, Berlin

Dieses Heft ist Bestandteil des Schülerbuchs Fredo Mathematik 2 (ISBN 978-3-06-084871-3) und nicht einzeln bestellbar. Es kann im 10er-Pack nachbestellt werden (ISBN 978-3-06-084935-2).

Zum Zehner

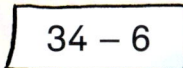

34 − 6

Was ist anders als bei plus?

5 Erkläre, wie Jette ihren Rechenweg notiert hat.

der Rechenstrich
der Rechenschritt
das Zwischenergebnis

6 Rechne. Nutze den Rechenstrich.

a) 35 − 7

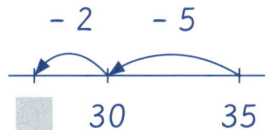

b) 23 − 6

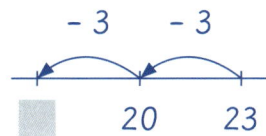

c) 42 − 8

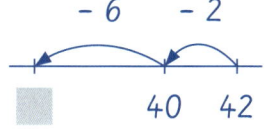

d) 64 − 8

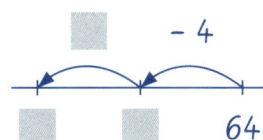

e) 51 − 4

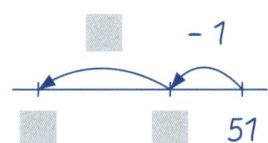

f) 75 − 7

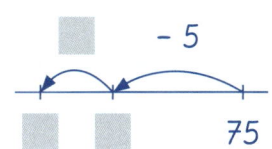

7 Rechne. Nutze den Rechenstrich.

a) 45 − 7
62 − 4
53 − 6
87 − 8

b) 34 − 5
71 − 4
83 − 5
65 − 8

c) 42 − 7
26 − 8
95 − 6
51 − 5

45 − 7 = ▢

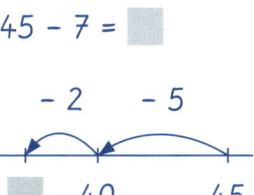

8 Ein Ergebnis – drei Aufgaben: Wähle immer drei verschiedenfarbige Zahlen.

a)
51   5   52
6   3
9   4
53
6

5	1	−	4	−	6	=	4	1
5	2	−		−		=	4	1
5	3	−		−		=	4	1

41

b)
65   7   66
4
61   3
6
8   5

53

c)
3   4
2
7   45
5   43
41   6

34

35 – 9

Zum Zehner

$3\;5\;-\;5\;-\;4\;=\;2\;6$

Mit der 10

$3\;5\;-\;1\;0\;+\;1\;=\;2\;6$

1 Erkläre die Rechenwege.

2 Rechne.

a) 74 – 5
b) 52 – 6
c) 65 – 7
d) 43 – 6
e) 36 – 8

Schreibe so:

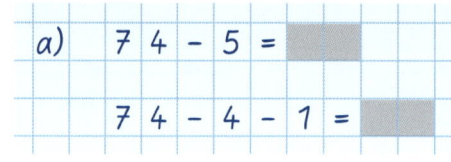

a) $7\;4\;-\;5\;=\;\square$

$7\;4\;-\;4\;-\;1\;=\;\square$

Oder so:

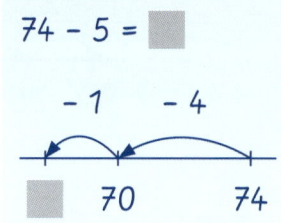

74 – 5 = □

– 1   – 4

□   70   74

3 Welcher Rechenweg wurde gewählt?

a) 34 – 7 = □
    34 – 4 – 3 = □

b) 25 – 6 = □
    25 – 5 – 1 = □

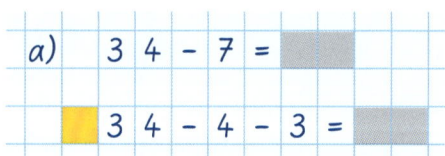

a) $3\;4\;-\;7\;=\;\square$

$3\;4\;-\;4\;-\;3\;=\;\square$

c) 53 – 9 = □
    53 – 10 + 1 = □

d) 77 – 9 = □
    77 – 10 + 1 = □

e) 43 – 5 = □
    43 – 3 – 2 = □

f) 55 – 8 = □
    55 – 10 + 2 = □

g) 56 – 7 = □
    56 – 6 – 1 = □

h) 64 – 6 = □
    64 – 4 – 2 = □

i) 87 – 8 = □
    87 – 10 + 2 = □

j) 92 – 6 = □
    92 – 2 – 4 = □

4 Rechne. Wie heißt die Aufgabe?

a) 43 – □ – □ = 38
b) 54 – □ – □ = 46

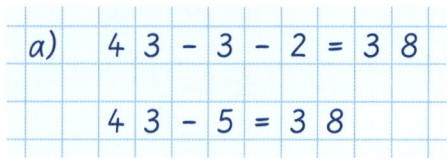

a) $4\;3\;-\;3\;-\;2\;=\;3\;8$

$4\;3\;-\;5\;=\;3\;8$

c) 35 – □ – □ = 28
d) 63 – □ – □ = 54

e) 76 – □ – □ = 67
f) 81 – □ – □ = 73

5 Rechne.

a) 24 − 7   b) 32 − 6   c) 55 − 8   d) 46 − 7   e) 64 − 6

6 Rechne.    Schreibe so: Oder so:

a) 27 − 9
   54 − 9
   43 − 9

a)   2 7 − 9 =
         2 7 − 1 0 + 1 =

27 − 9 =
       − 10
     + 1
17   27

b) 65 − 9   c) 42 − 8
   33 − 8   25 − 8
   72 − 8   56 − 8

Wie geht das bei Aufgaben mit − 8?

d) Finde weitere Aufgaben.

 7 Entscheide, wie du rechnen möchtest.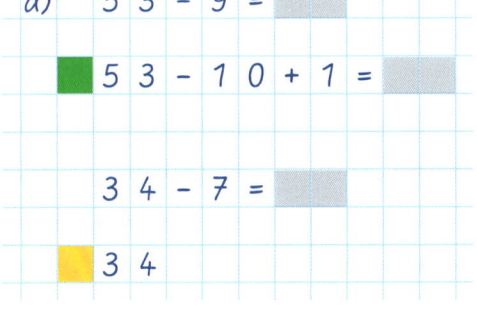

a) 53 − 9   b) 46 − 9   c) 27 − 8
   34 − 7   64 − 6   53 − 5
   24 − 8   36 − 8   32 − 4
   52 − 6   81 − 7   72 − 9
   46 − 7   57 − 9   92 − 5

a)   5 3 − 9 =
     5 3 − 1 0 + 1 =
     3 4 − 7 =
     3 4

Vergleicht eure Rechenwege.
Habt ihr die gleichen Rechenwege benutzt?

8 Zeichne den Rechenstrich und trage die fehlenden Zahlen ein.
Wie heißt die Aufgabe?

a)
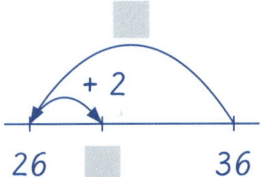
+ 2
26   36

b)
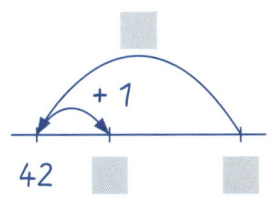
+ 1
42

c)
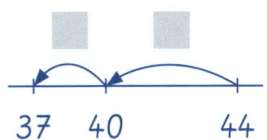
37   40   44

d)
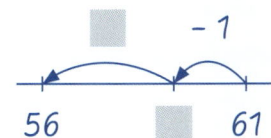
− 1
56   61

e)
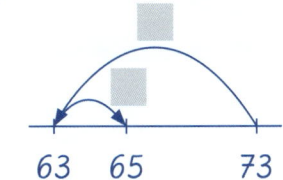
63   65   73

Plusaufgaben üben

1 Rechne. Die verwandte Aufgabe hilft.

a) 5 + 3
15 + 3
25 + 3
35 + 3

b) 2 + 6
12 + 6
52 + 6
72 + 6

c) 6 + 3
26 + 3
46 + 3
86 + 3

d) 5 + 5
25 + 5
35 + 5
85 + 5

e) 5 + 4
15 + 4
35 + 4
75 + 4

2 Entdeckerpäckchen: Was fällt dir auf? Beschreibe und setze fort.

a) 36 + 2
36 + 3
36 + 4
36 + 5
▨ + ▨

b) 46 + 3
47 + 3
48 + 3
49 + 3
▨ + ▨

c) 63 + 5
64 + 6
65 + 7
66 + 8
▨ + ▨

d) 27 + 9
26 + 8
25 + 7
24 + 6
▨ + ▨

e) 57 + 2
56 + 3
55 + 4
54 + 5
▨ + ▨

3 Rechne.

a) 48 + 5
47 + 8
42 + 8
49 + 7

b) 53 + 6
57 + 9
54 + 6
54 + 5

c) 83 + 7
86 + 3
88 + 3
88 + 9

d) 37 + 2
38 + 2
33 + 6
37 + 7

e) 66 + 2
64 + 8
61 + 9
65 + 8

4 Rechne nur die Aufgaben, deren Ergebnis kleiner als 70 ist.

a) 35 + 8
68 + 5
24 + 4
44 + 9

b) 34 + 5
18 + 6
75 + 7
58 + 9

c) 49 + 6
86 + 4
67 + 6
38 + 4

d) 66 + 7
45 + 9
52 + 7
37 + 6

e) 56 + 8
26 + 9
64 + 6
35 + 7

5 Übt zu zweit Plusaufgaben.

57 + 3 + 5 = 65

57 + 8

6 Das Ergebnis soll im nächsten Zehner liegen.

a) Notiere alle Aufgaben.

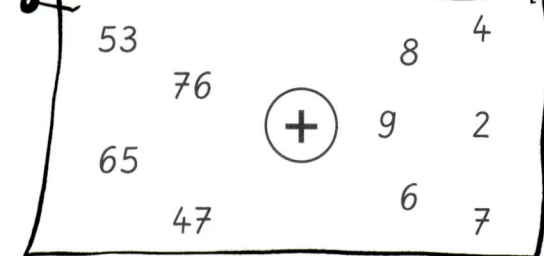

53
76
65
47

+

8   4
9   2
6   7

b) Vergleicht eure Ergebnisse.
Habt ihr alle Aufgaben gefunden?

Minusaufgaben üben

1 Rechne. Die verwandte Aufgabe hilft.

a)	b)	c)	d)	e)
7 – 4	8 – 6	6 – 3	7 – 2	9 – 5
17 – 4	28 – 6	36 – 3	27 – 2	39 – 5
27 – 4	48 – 6	56 – 3	57 – 2	59 – 5
37 – 4	78 – 6	66 – 3	87 – 2	99 – 5

2 Entdeckerpäckchen: Was fällt dir auf? Beschreibe und setze fort.

a)	b)	c)	d)	e)
36 – 3	48 – 6	75 – 4	63 – 4	26 – 9
36 – 4	47 – 7	74 – 4	64 – 5	25 – 9
36 – 5	46 – 8	73 – 4	65 – 6	24 – 9
36 – 6	45 – 9	72 – 4	66 – 7	23 – 9
▢ – ▢	▢ – ▢	▢ – ▢	▢ – ▢	▢ – ▢

3 Rechne.

a)	b)	c)	d)	e)
34 – 3	56 – 7	75 – 2	27 – 9	83 – 3
34 – 4	56 – 9	75 – 8	27 – 5	83 – 4
34 – 5	56 – 5	75 – 3	27 – 6	83 – 6
34 – 8	56 – 6	75 – 7	27 – 8	83 – 2

4 Rechne nur die Aufgaben, deren Ergenis größer als 30 ist.

a)	b)	c)	d)	e)
35 – 8	70 – 7	49 – 6	66 – 7	96 – 6
57 – 5	18 – 6	86 – 9	45 – 5	50 – 4
24 – 4	34 – 5	67 – 6	57 – 8	33 – 6
44 – 9	58 – 9	30 – 4	36 – 9	64 – 7

5 Übt zu zweit Minusaufgaben.

53 – 3 – 5 = 45

53 – 8

6 Das Ergebnis soll nicht im gleichen Zehner liegen.

a) Notiere alle Aufgaben.

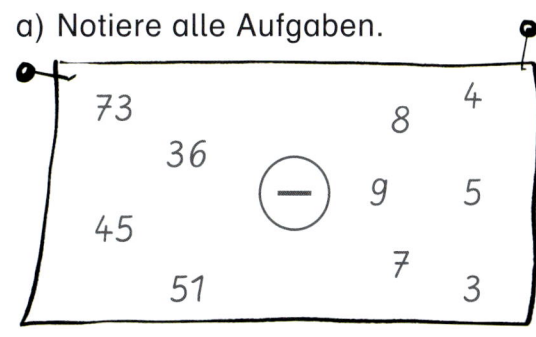

b) Vergleicht eure Ergebnisse. Habt ihr alle Aufgaben gefunden?

Unterschiede

Unterschiede hamstern

Spielregel: Jeder deckt eine Zahlenkarte auf.
Berechnet den Unterschied zwischen beiden
Zahlen. Das sind die Gewinnpunkte.
Die Gewinnpunkte bekommt das Kind,
das die größere Zahl aufgedeckt hat.
Wer hat zuerst mehr als 20 Punkte?

$17 +$ ☐ $= 19$

$19 - 17 = 2$
2 Punkte für mich!

1 Erkläre: Wie berechnet Justus den Unterschied?
Wie berechnet Jette den Unterschied?

2 Spielt „Unterschiede hamstern". Wie berechnest du den Unterschied?

3 Berechne den Unterschied. Rechne minus wie Justus **und** ergänze wie Jette.

a) 19 15

$19 - 15 =$ ☐
$15 +$ ☐ $= 19$

b) 14 17

$17 - 14 =$ ☐
$14 +$ ☐ $= 17$

c) 18 16

$18 - 16 =$ ☐
$16 +$ ☐ $= 18$

d) 16 20

$20 - 16 =$ ☐
$16 +$ ☐ $= 20$

4 Berechne den Unterschied. Rechne minus wie Justus **und** ergänze wie Jette.

a) 33 37   b) 54 59   c) 98 93   d) 42 49

e) 71 77   f) 29 26   g) 67 62   h) 88 82

a)   3 7 – 3 3 = ☐

   3 3 + ☐ = 3 7

5 Rechne wie Justus **oder** wie Jette.

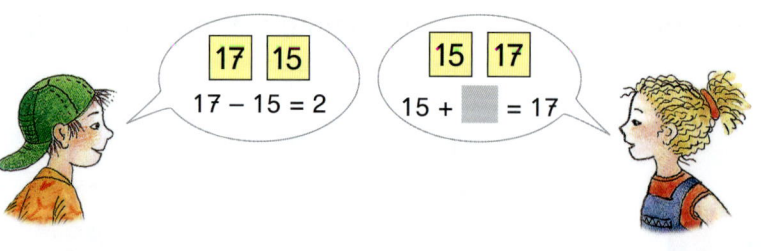

17 15
$17 - 15 = 2$

15 17
$15 +$ ☐ $= 17$

a) 38 40   b) 27 35   c) 46 49   d) 59 63

e) 49 55   f) 83 85   g) 91 89   h) 73 66

> Ich ziehe die
> kleinere Zahl
> von der größeren
> Zahl ab.
> $17 - 15 = \underline{2}$
>
> Ich ergänze zur
> größeren Zahl.
> $15 + \underline{2} = 17$
>
> Der **Unterschied**
> zwischen 15 und 17
> beträgt **2**.

L Der Unterschied zwischen zwei Zahlen beträgt 3.
Finde passende Zahlenpaare.

6 Berechne den Unterschied. Rechne minus **oder** ergänze.

a) `32` `39`   b) `78` `71`   c) `62` `66`   d) `55` `52`

a)   3 9 – 3 2 = ▢

e) `43` `47`   f) `91` `96`   g) `29` `21`   h) `84` `88`

a)   3 2 + ▢ = 3 9

7 Berechne den Unterschied. Rechne minus **oder** ergänze.

a) `62` `56`   b) `75` `82`   c) `26` `35`   d) `24` `31`

a)   6 2 – 5 6 = ▢

e) `37` `45`   f) `93` `87`   g) `53` `45`   h) `66` `54`

a)   5 6 + ▢ = 6 2

8 Berechne den Unterschied.
Wer hat mehr? Wie viele sind es mehr?

> Rechne minus oder ergänze.

a) Justus hat 37 Murmeln.
Jette hat 32 Murmeln.

a)   3 7 – 3 2 = ▢

b) Ali hat 64 Kastanien.
Pia hat 58 Kastanien.

Justus hat ▢ *Murmeln mehr als Jette.*

c) Kim hat 82 Aufkleber.
Tobi hat 86 Aufkleber.

d) Emilio hat 47 Sammelkarten.
Jana hat 52 Sammelkarten.

9 Rechengeschichten: Schreibe Rechnung und Antwort.

a) Fredo hat 36 Aufkleber.
Fips hat 8 Aufkleber weniger als
Fredo. Frida hat 2 Aufkleber
mehr als Fips.
Wie viele Aufkleber
haben Fips und Frida?

b) Frida hat 22 Pilze gesammelt.
Fips hat 3 Pilze weniger als Frida
gesammelt. Fredo hat 4 Pilze
weniger als Fips gesammelt.
Wie viele Pilze haben
Fips und Fredo
gesammelt?

c) Fredo schafft beim Seilspringen 28 Sprünge.
Fips schafft 9 Sprünge mehr als Fredo.
Frida schafft 5 Sprünge weniger als Fips.
Wie viele Sprünge schaffen Fips und Frida?

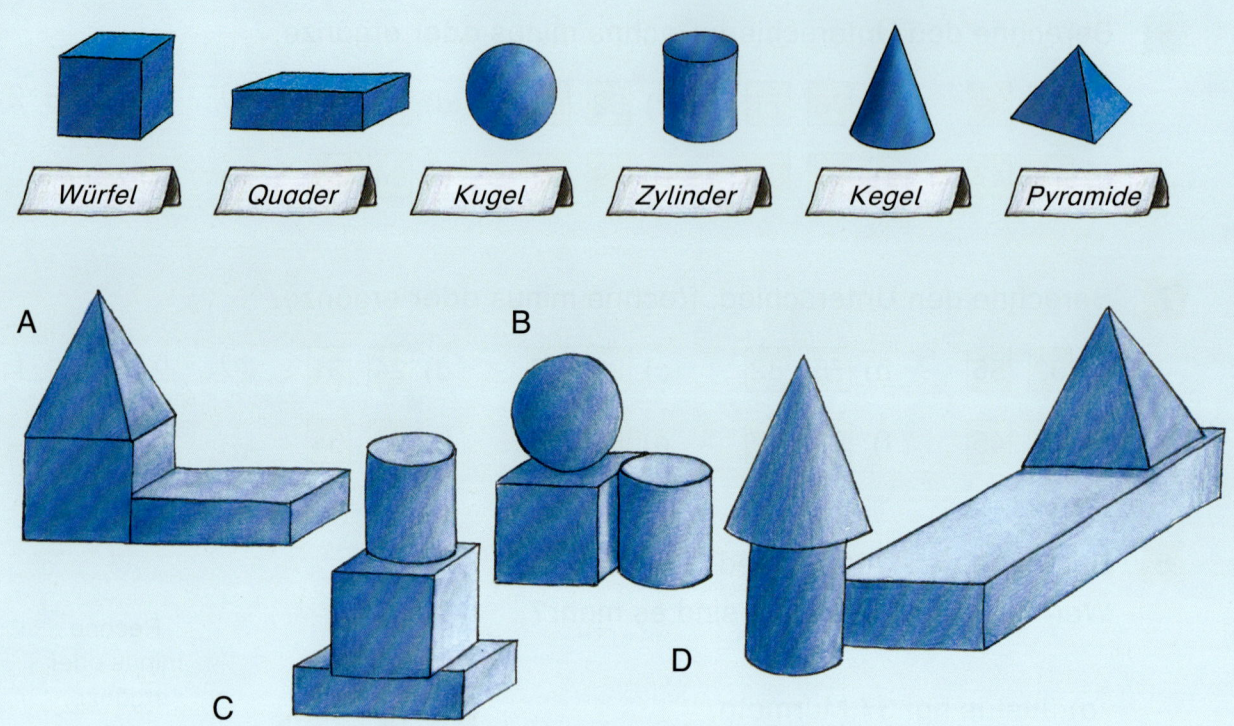

1 Jette und Justus haben gebaut. Welche Körper haben sie verwendet?

2 Beschreibe diese Körper: Würfel, Quader und Kugel.
Die Kärtchen können eine Hilfe sein.

... hat ... Kanten.   ... hat ... Ecken.   ... hat ... Flächen.

... hat keine Ecken.   ... hat keine Kanten.

... ist rund.   ... kann kippen.   ... kann rollen.

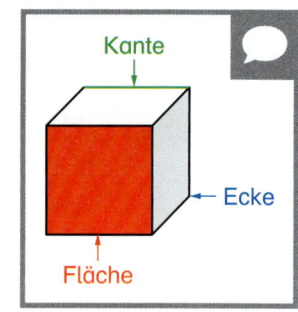

3 Hier siehst du Abdrücke (Flächen) von Körpern:

A   B   C   D   E

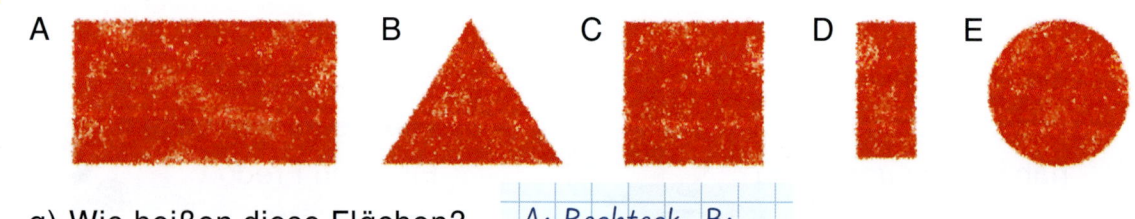

a) Wie heißen diese Flächen?   A: Rechteck, B: ...

b) Von welchen Körpern könnten die Abdrücke stammen?   A: Quader, B: ...

c) Kann es sein, dass Abdruck A von einem Würfel ist? Begründe.

4 Vergleicht Würfel und Quader.
Was ist gleich, was ist anders?

5 Welchen Körpern ähneln diese Dinge? Schreibe auf. *A: Kugel, B: ...*

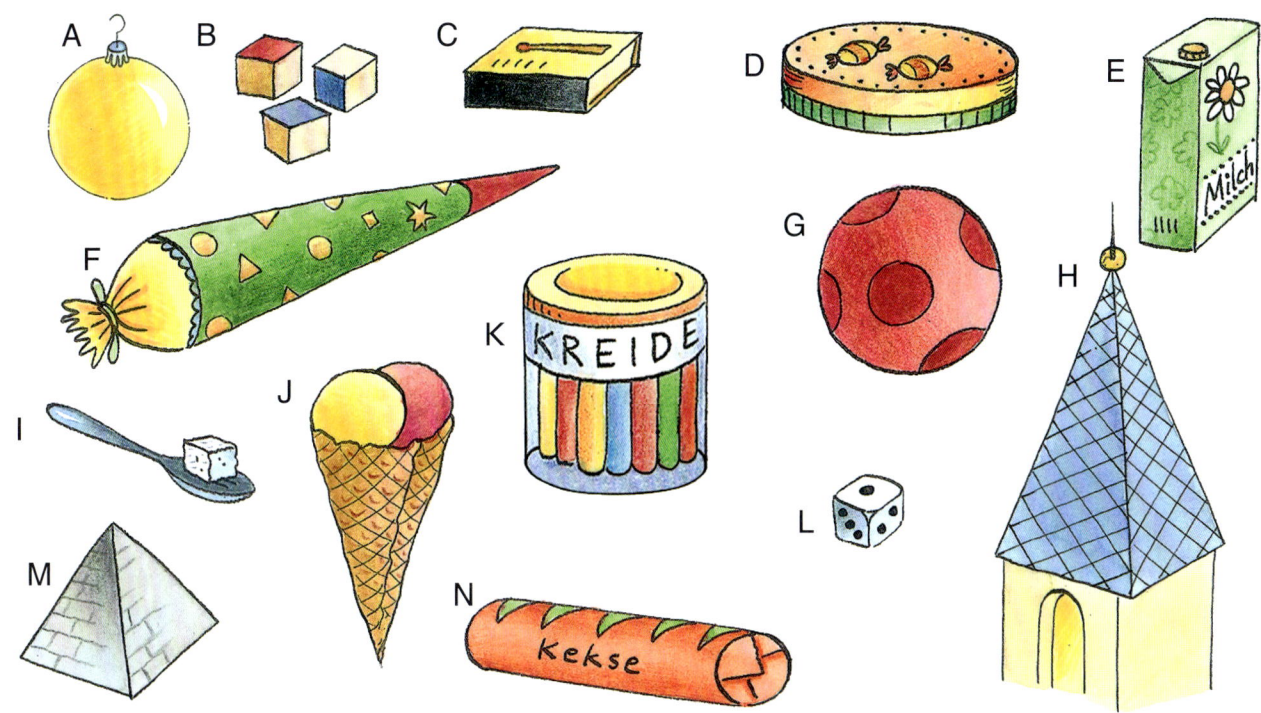

6 a) Bringe Gegenstände oder Fotos für eine Ausstellung mit, die zu den sechs Körpern passen.

b) Welche Gegenstände der Ausstellung haben die Form eines Würfels, die Form eines Quaders oder die Form einer Kugel? Schreibe auf.

7 Was wäre, wenn ...

a) Autoreifen die Form eines Würfels hätten?
b) ein Tennisball die Form eines Zylinders hätte?
c) ein Spielwürfel die Form eines Quaders hätte?
d) Getränkedosen die Form einer Kugel hätten?
e) Mauersteine die Form von Pyramiden hätten?

Ich fühle Ecken ...

8 Spiele mit einem anderen Kind „Geometrische Körper verstecken und erraten". Woran erkennst du, welcher Körper das ist?

9 Forme aus Knetmasse verschiedene Körper. Prüfe: Sind alle Eigenschaften erfüllt?

Aufgabe 6 (*Suchen und Verarbeiten*)

 1 Welche Körper wurden beim Bauen verwendet?
Wie sind sie angeordnet?

> links von – rechts von
> auf – unter
> vor – hinter
> zwischen

2 Wo sind die Körper? Vervollständige die Sätze.

a) Der grüne Würfel ist …

b) Der rote Würfel ist …

c) Die Pyramide ist …

d) Der Kegel ist …

3 Wo sind die Körper? Vervollständige die Sätze.

a) Der orangefarbene Zylinder ist … dem blauen Quader und … der Kugel.

b) Die Kugel ist … dem gelben Quader und … dem orangefarbenen Zylinder.

c) Der grüne Zylinder ist … dem gelben Quader und dem roten Würfel
und ist … dem Kegel.

4 Welche Körper sind es? Vervollständige die Sätze.

a) Der … ist zwischen dem grünen Würfel und dem gelben Quader und unter …

b) Der … ist zwischen dem blauen Quader und dem grünen Zylinder und hinter …

5 Welcher Satz ist falsch? Schreibe ihn richtig auf.

a) Der blaue Quader ist hinter dem orangefarbenen Zylinder, rechts vom grünen
Würfel und links vom gelben Zylinder und unter der Pyramide.

b) Der gelbe Quader ist rechts vom grünen Zylinder und links vom blauen Quader
und hinter der Kugel.

 **6** Spielt wie Justus und Jette.

Ich sehe was,
was du nicht siehst
und das ist links
von der Tür.

Meinst du
das Bild?

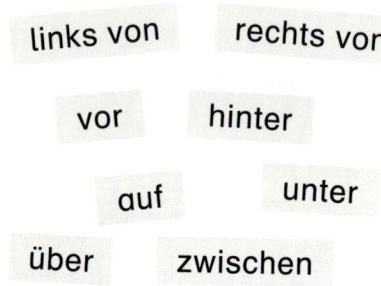

links von   rechts von

vor   hinter

auf   unter

über   zwischen

Der Zylinder
ist …

Robin

Noemi

links von – rechts von
auf – unter
vor – hinter
zwischen

 7 Stell dir vor, du sitzt an Noemis Platz. An welcher Stelle sieht sie …

a) den Zylinder?   b) den Quader?   c) die Kugel?

8 Stell dir vor, du sitzt an Justus' Platz. An welcher Stelle sieht er …

a) den Zylinder?   b) den Quader?   c) die Kugel?

9 Stell dir vor, du sitzt an Jettes Platz.   *a)   Der Zylinder ist …*
An welcher Stelle sieht sie …

a) den Zylinder?   b) den Quader?   c) die Kugel?

10 Stell dir vor, du sitzt an Robins Platz. An welcher Stelle sieht er …

a) den Zylinder?   b) den Quader?   c) die Kugel?

 11 Übt wie Justus und Jette.

Die Pyramide ist links
und der blaue Würfel ist rechts
vom Zylinder. Der Kegel ist auf dem
Zylinder. Die Kugel liegt vor dem
blauen Würfel.

51

Anweisung (Befehl)	Symbol (Code)
1 Feld geradeaus gehen	↑
nach rechts drehen	↻
nach links drehen	↺

1 Wie kann Fredo auf dem Spielplan zur Schildkröte gehen? Nutze die Anweisungen.

2 Fredo ist diesen Weg gegangen.
Zeige den Weg. Bei welchem Tier kommt er an?

3 Fredo ist diesen Weg gegangen. Bei welchem Tier kommt er an?

a)    b)    c)

4 Fredo ist diesen Weg gegangen. Bei welchem Tier kommt er an?

a)    b) ↻ ↑ ↑ ↺ ↑ ↑

c) ↑ ↻ ↻ ↑ ↑ ↺ ↑ ↻ ↑

5 Fredo möchte auf seinem Weg zum Frosch noch zu einem anderen Tier gehen.
Welches Tier ist das?

a)    b) ↑ ↻ ↻ ↑ ↑ ↑ ↺ ↑

6 Fredo möchte zum Frosch gehen. Welche Wege kann er gehen?

Weg A: ↑ ↺ ↑ ↑ ↑ ↻ ↑

Weg B: ↺ ↑ ↻ ↑ ↑ ↺ ↑

Weg C: ↑ ↺ ↑ ↻ ↻ ↑ ↻ ↑

Anregung: Das analoge Codieren digital anwenden (*Problemlösen und Handeln*)

Wege gehen: Anweisungen geben

Fips   Frida

Anweisung (Befehl)	Symbol (Code)
1 Feld geradeaus gehen	↑
nach rechts drehen	↻
nach links drehen	↺

 1 Gib Fredo Anweisungen, wie er gehen kann. Er möchte zu Frida gehen,
ohne auf die Felder mit der Schlange oder der Spinne zu kommen.
Notiere zwei mögliche Wege mit Pfeilen.

2 Fredo möchte zu Fips gehen.
Das ist seine Wegbeschreibung.
Zeichne den Weg mit Pfeilen auf.

- nach links drehen
- 1 Feld geradeaus gehen
- nach rechts drehen
- 1 Feld geradeaus gehen
- 1 Feld geradeaus gehen
- nach links drehen
- 1 Feld geradeaus gehen

3 Fredo möchte zu Frida gehen.
Notiere drei mögliche Wege
mit Pfeilen.

4 Fredo möchte zu Frida gehen.
Notiere drei mögliche Wege
mit Pfeilen.

 Schatzsuche:
Fredo soll auf Schatzsuche gehen. Zeichne ein Raster und verstecke den Schatz.
Überlege dir, wo Fredo starten soll. Denke dir eigene Wege aus.
Schreibe den Weg mit Pfeilen auf. Ein Partnerkind geht den Weg ab.
Ist es am richtigen Ziel angekommen?

Anregung: Das analoge Codieren digital anwenden (*Problemlösen und Handeln*)

 1 Für jedes Gebäude wurden 12 Würfel verwendet.
Baut die Gebäude nach.

Ich schreibe die Zahlen in meinen Bauplan.

 2 Welches Gebäude hat Jette gebaut?
Woran erkennst du das? Erkläre den Bauplan.

3 Zeichne in dein Heft und
trage wie Jette die Zahlen ein.

der **Bauplan**
das **Würfelgebäude**

Welche
Baupläne
gehören zu
welchen
Gebäuden?

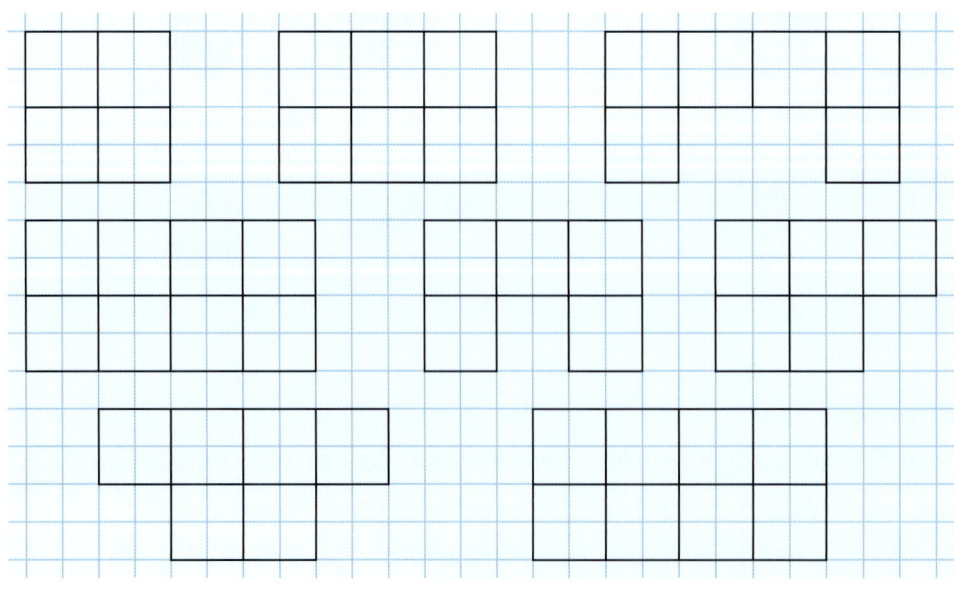

L Erfinde eigene Gebäude und zeichne die Baupläne dazu.

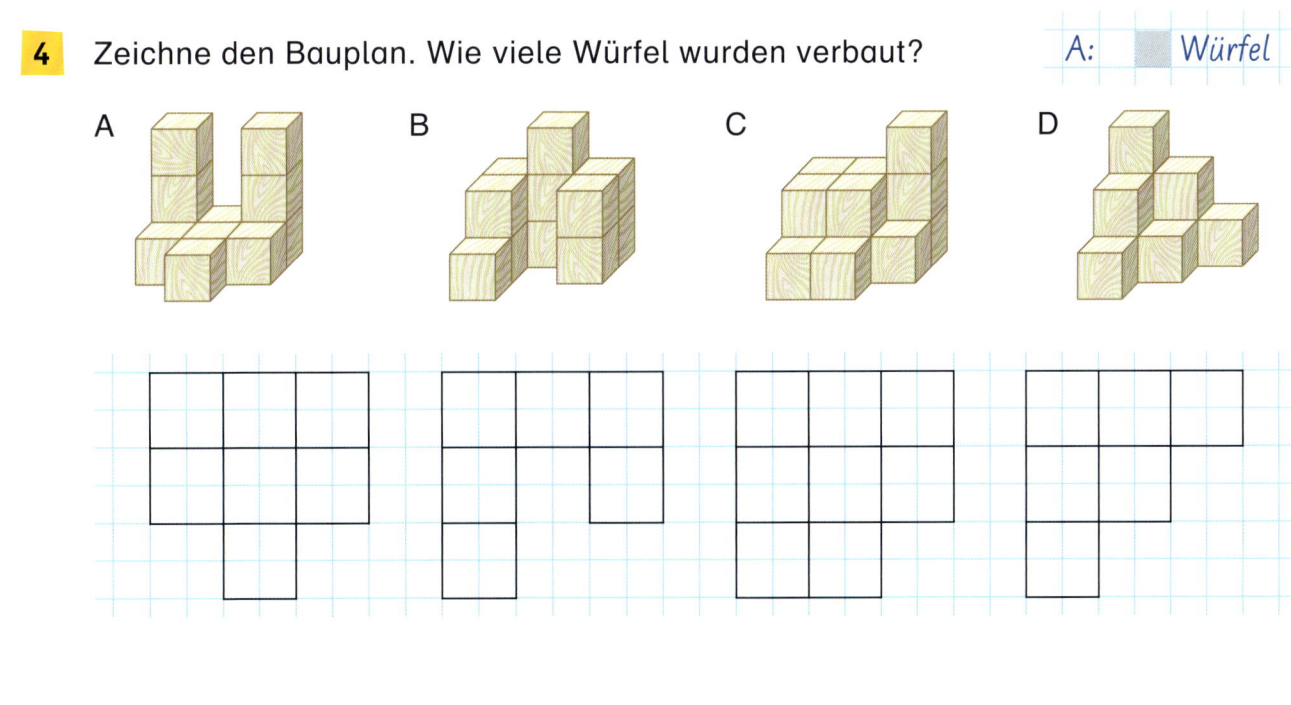

4   Zeichne den Bauplan. Wie viele Würfel wurden verbaut?   A: ☐ Würfel

A   B   C   D

5   Wie viele Würfel fehlen zu einem großen Würfel?   A: Es fehlen ☐ Würfel.

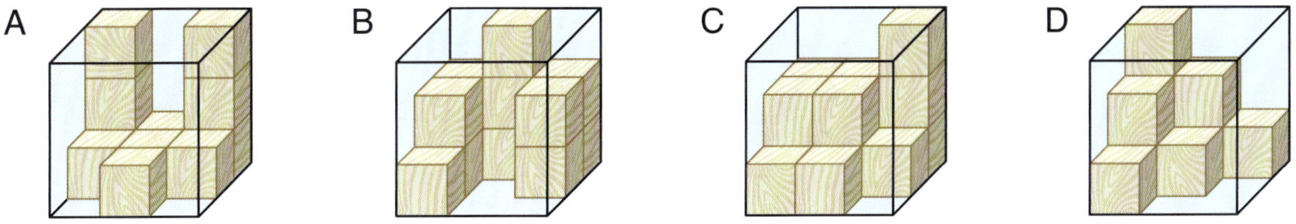

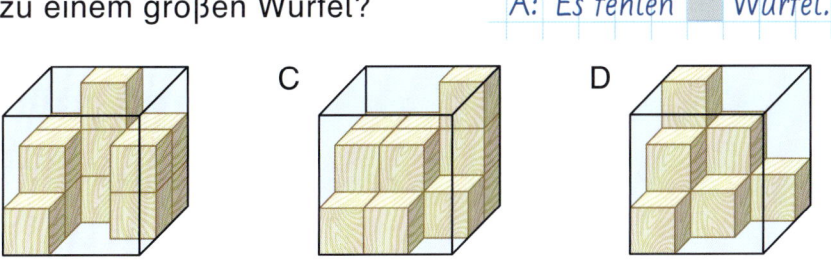

A   B   C   D

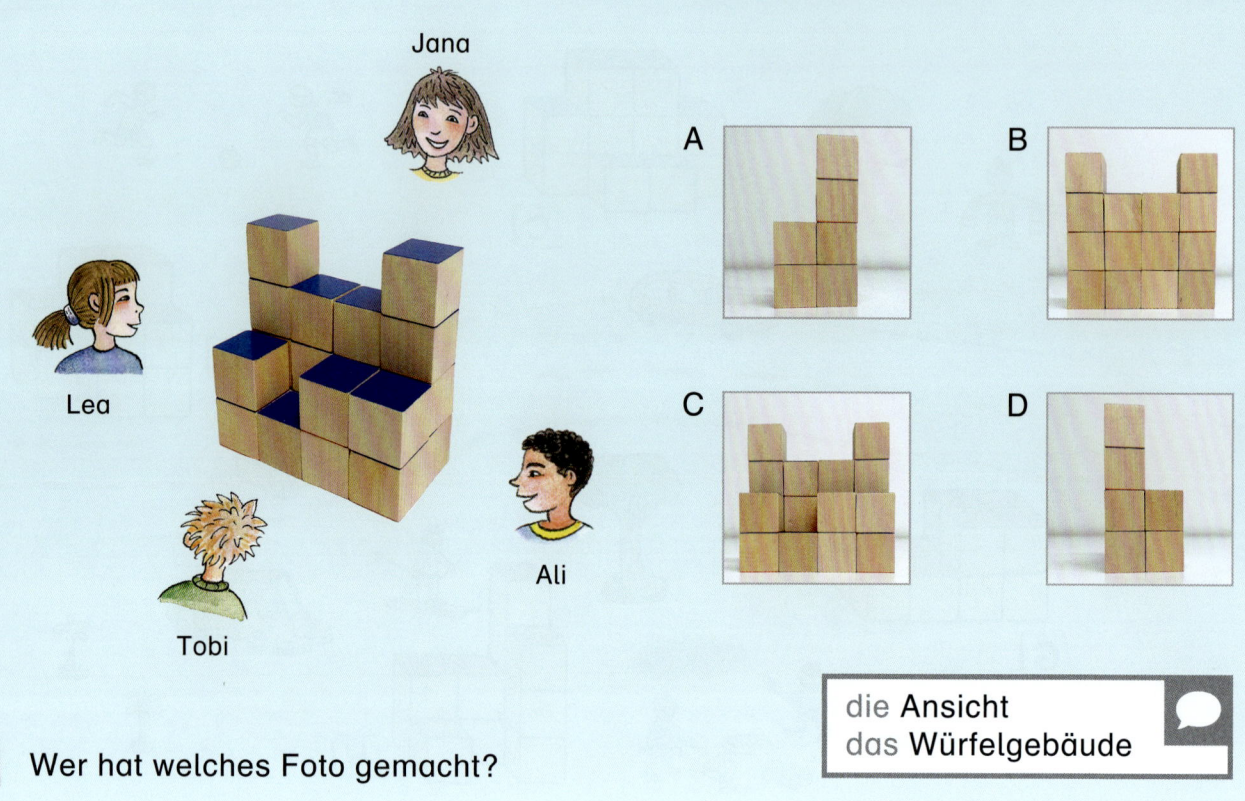

die Ansicht
das Würfelgebäude

1 Wer hat welches Foto gemacht?

2 Wer hat welches Foto gemacht?
Wenn du dir die Ansichten nicht vorstellen kannst,
baue das Gebäude nach.

Ansicht A:

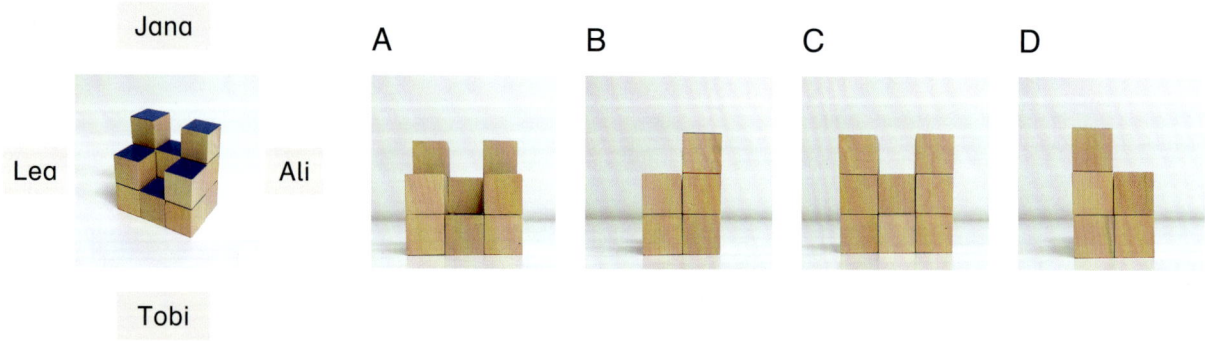

3 Wer hat welches Foto gemacht?

Ansicht A:

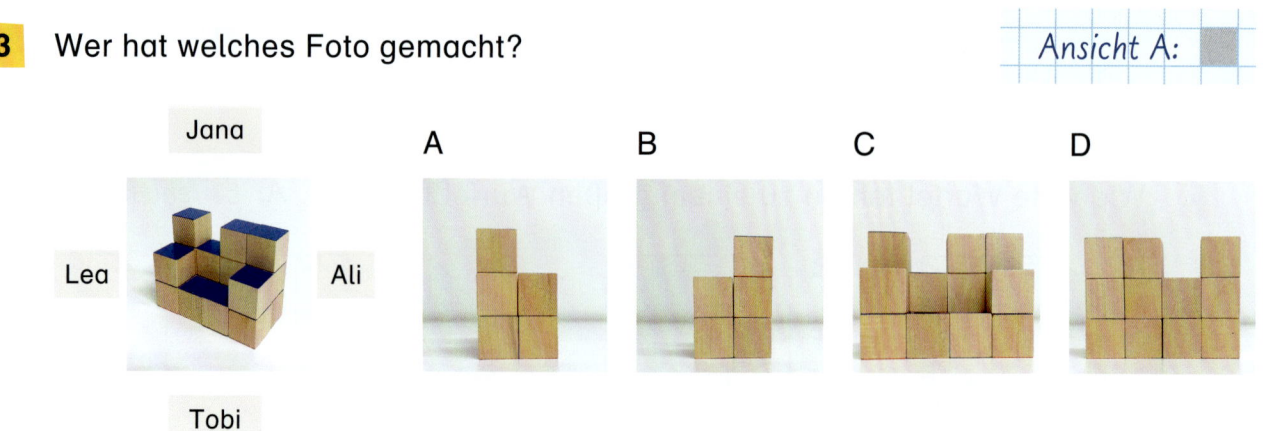

4 a) Welche Ansicht sieht Ali?

Jana

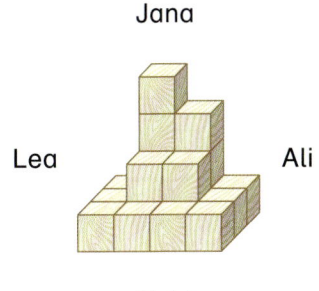

Lea   Ali

Tobi

A

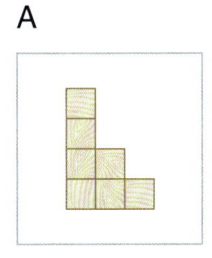

B

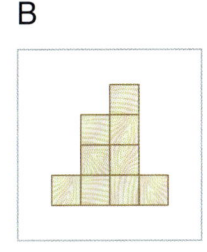

C

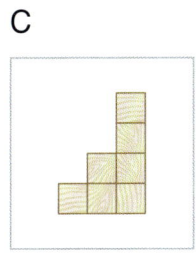

b) Welche Ansicht sieht Lea?

Jana

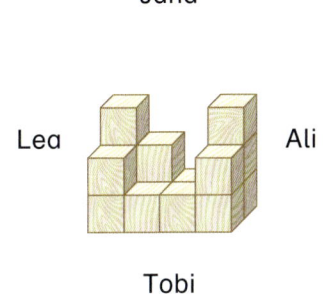

Lea   Ali

Tobi

A

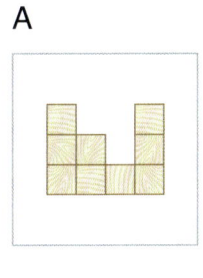

B

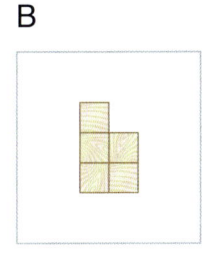

C

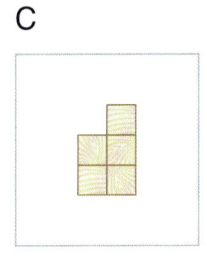

c) Welche Ansicht sieht Jana?

Jana

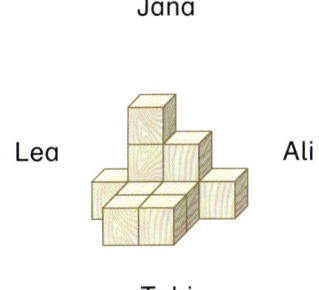

Lea   Ali

Tobi

A

B

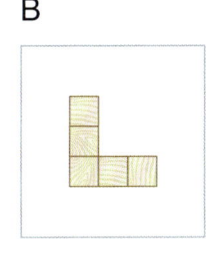

C

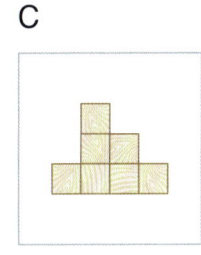

5 Wer sieht welche Ansicht? Zeichne alle vier Ansichten in dein Heft.

a) Jana

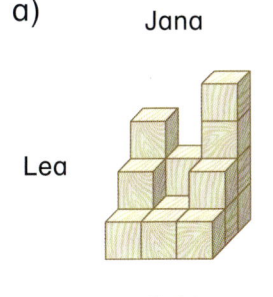

Lea   Ali

Tobi

b) Jana

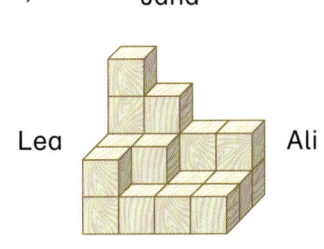

Lea   Ali

Tobi

 Baue selbst ein Gebäude. Zeichne oder fotografiere es von allen Seiten.

Lerntagebuch (*Produzieren und Präsentieren*)

Die Zeitspanne schreibt man mit einem Pfeil auf.

Anfang	Dauer	Ende
14.00 Uhr	3 h →	17.00 Uhr

h kommt vom lateinischen Wort „hora" und heißt „Stunde".

1 Stunde hat 60 Minuten.
1 h = 60 min

1 Erkläre, wie Jette gerechnet hat.

> die Uhrzeit
> der Zeitpunkt
> die Zeitspanne

2 Wie lange dauert es?

a) 3.00 Uhr ──■ h──→ 5.00 Uhr

b) 8.00 Uhr ──■ h──→ 11.00 Uhr

c) 17.00 Uhr ──■ h──→ 20.00 Uhr

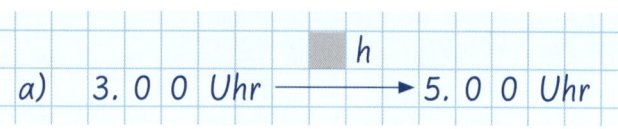

d) 7.00 Uhr ──■ h──→ 10.00 Uhr

e) 14.00 Uhr ──■ h──→ 16.00 Uhr

3 Wie lange dauert es?

a)   b)   c)

d)   e)   f)

4 Ergänze, was fehlt.

a)  2 h →

a) 7.00 Uhr ──2 h──→ ■ Uhr

b) 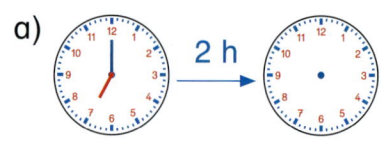 3 h →

c) 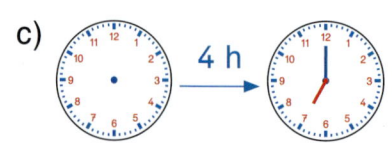 4 h →

d) 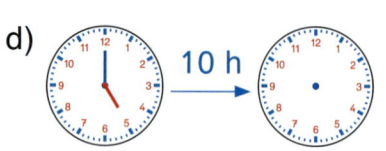 10 h →

Wann vergeht die Zeit für dich schnell?
Wann vergeht die Zeit für dich langsam. Schreibe auf.

5 Um wie viel Uhr endet es?

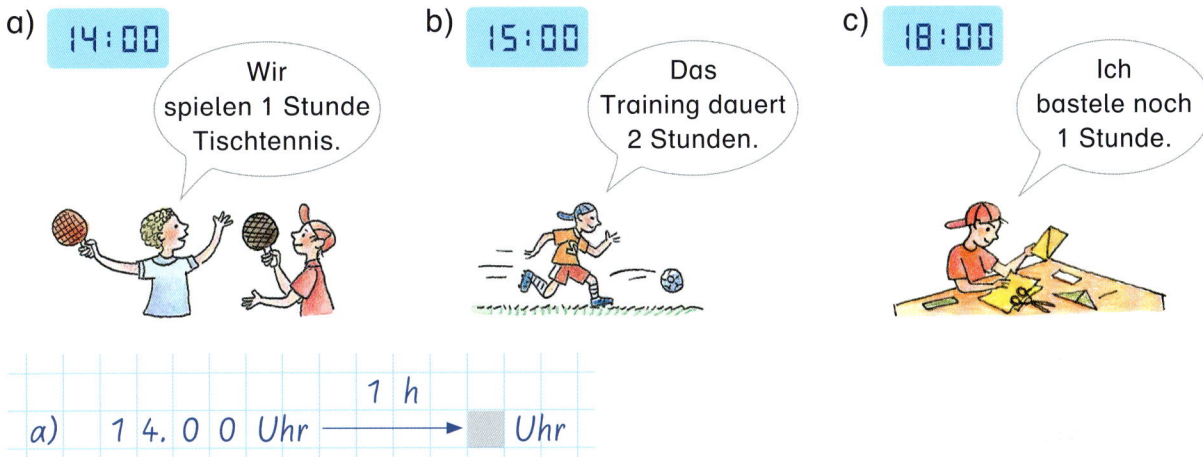

a) **14:00**
> Wir spielen 1 Stunde Tischtennis.

b) **15:00**
> Das Training dauert 2 Stunden.

c) **18:00**
> Ich bastele noch 1 Stunde.

a)   1 4. 0 0 Uhr ——1 h——▶ ▢ Uhr

6 Um wie viel Uhr endet es?

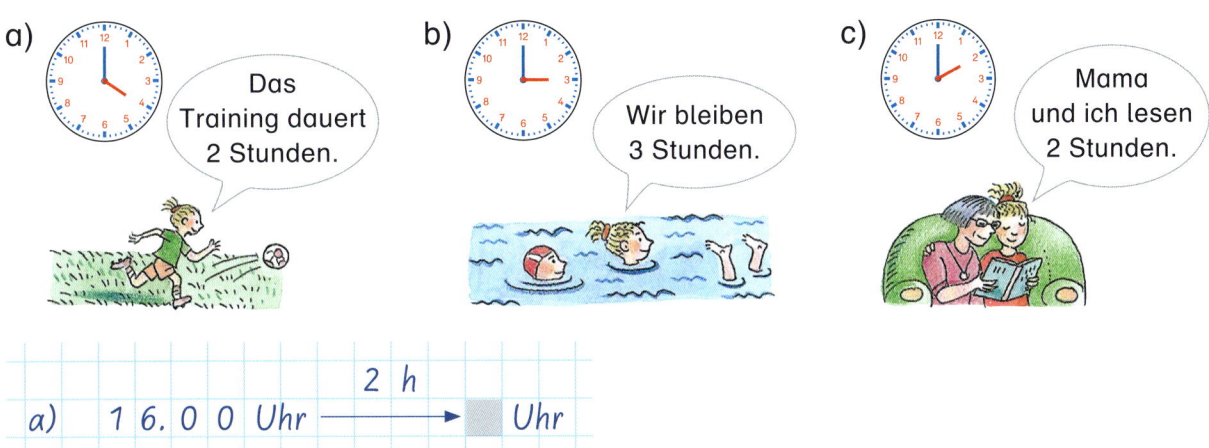

a)
> Das Training dauert 2 Stunden.

b)
> Wir bleiben 3 Stunden.

c)
> Mama und ich lesen 2 Stunden.

a)   1 6. 0 0 Uhr ——2 h——▶ ▢ Uhr

7 a) Jana baut schon eine Stunde. Wann hat sie angefangen?

b) Ali ist seit 4 Stunden in der Schule. Wann hat die Schule angefangen?

a) ▢ Uhr ——1 h——▶ 1 7. 0 0 Uhr

8 a) Justus schläft noch 11 Stunden. Wann wacht Justus auf?

b) Jette hat 10 Stunden geschlafen. Wann ist Jette ins Bett gegangen?

> Es ist neun Uhr und fünfzehn Minuten.

> Wo lese ich fünfzehn Minuten ab?

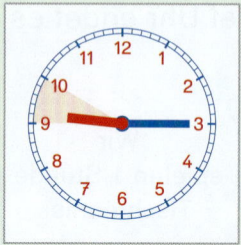

Stundenzeiger

Minutenzeiger

Wenn der Stundenzeiger zwischen zwei Zahlen steht, gehört die kleinere zur Uhrzeit.

Der Minutenzeiger zeigt an, wie viele Minuten seit der letzten vollen Stunde vergangen sind.

1 Erkläre, wie man die Uhrzeit abliest.

2 Wie spät ist es?

a)

15 min

a) 5. 1 5 Uhr

b)

30 min

c)

45 min

3 Wie spät ist es?

a)   b)   c)   d)

a) 2. 1 5 Uhr

1 4. 1 5 Uhr

e)   f)   g)   h)   i)   j)

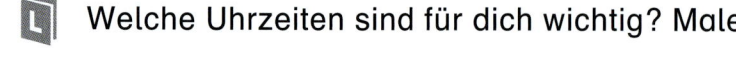

Welche Uhrzeiten sind für dich wichtig? Male und schreibe auf.

4 Wie spät ist es?

a)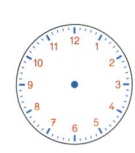

5 min

d)

25 min

a)   4. 0 5 Uhr

     1 6. 0 5 Uhr

b)

10 min

e)

35 min

g)

50 min

c)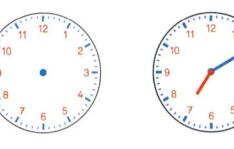

20 min

f)

40 min

h)

55 min

5 Wie spät ist es?

a)  b)  c)  d)

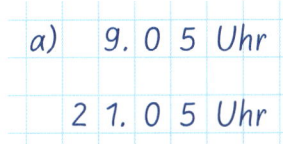
a)   9. 0 5 Uhr

     2 1. 0 5 Uhr

e)  f)  g)  h) 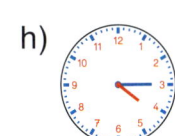 i)  j)

6 Lies die Uhrzeit und stelle auf der Lernuhr ein. Ein Partnerkind kontrolliert.

a) `07:30` b) `11:45` c) `12:15` d) `14:45` e) `16:00` f) `19:30`

g) `08:35` h) `17:10` i) `13:25` j) `06:05` k) `15:55` l) `10:40`

7 Uhren im Spiegel: Wie spät ist es?

a)  b) 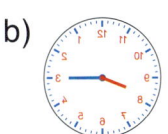 c)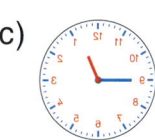

d)  e)  f)

Hallenbad
Öffnungszeiten

Mo	geschlossen
Di	14.00 Uhr – 20.00 Uhr
Mi	14.00 Uhr – 18.00 Uhr
Do	nur Vereine
Fr	12.00 Uhr – 20.00 Uhr
Sa, So	10.00 Uhr – 19.00 Uhr

Wollen wir am Mittwoch schwimmen gehen?

Lieber nicht, da habe ich erst ab 17 Uhr Zeit.

1 Warum möchte Jette lieber an einem anderen Tag schwimmen gehen?

2 Wann öffnet das Hallenbad …

a) am Dienstag?   b) am Freitag?   c) am Sonntag?

3 Jana ist im Schwimmverein. Das Training beginnt um 16 Uhr und dauert zwei Stunden.

a) Wann endet das Training?

b) An welchem Tag ist Jana im Schwimmbad?

a)   16.00 Uhr ——2 h——▶ ▯ Uhr

4 Wie viele Stunden hat das Hallenbad geöffnet?

a) dienstags   b) mittwochs
c) freitags   d) samstags

a)   14.00 Uhr ——▯ h——▶ 20.00 Uhr

e) An welchen Tagen hat das Hallenbad am längsten geöffnet?

5 Rechne und antworte.

a) Jette geht am Samstag um 16 Uhr ins Hallenbad. Wie viele Stunden kann sie noch im Bad bleiben?

b) Olga möchte ab 16 Uhr ins Hallenbad gehen und drei Stunden bleiben. An welchen Tagen ist das möglich?

Ich bade lieber im Freien.

c) Justus geht um 18 Uhr aus dem Hallenbad. Er war 3 Stunden da. Wann ist er gekommen?

d) Tom geht am Mittwoch um 14 Uhr ins Hallenbad und bleibt vier Stunden. Um 18 Uhr gibt es Abendessen. Kann Tom rechtzeitig zu Hause sein? Begründe.

6 Wie viele Stunden in der Woche hat das Hallenbad insgesamt geöffnet?

| Eine Stunde hat 60 Minuten. | Eine halbe Stunde hat 30 Minuten. | Eine Viertelstunde hat 15 Minuten. | Eine Dreiviertelstunde hat 45 Minuten. |

 7 Stelle die Uhrzeiten auf deiner Lernuhr ein. Es ist 17 Uhr. Wie spät ist es in einer …

a) Viertelstunde?   b) halben Stunde?   c) Dreiviertelstunde?

 8 Stelle die Uhrzeiten auf deiner Lernuhr ein. Es ist 15 Uhr. Wie spät **ist es** …

a) **in** einer Viertelstunde?
b) **in** einer halben Stunde?
c) **in** einer Dreiviertelstunde?

 9 Stelle die Uhrzeiten auf deiner Lernuhr ein. Es ist 15 Uhr. Wie spät **war es** …

a) **vor** einer Viertelstunde
b) **vor** einer halben Stunde
c) **vor** einer Dreiviertelstunde

10 Wie viele Stunden dauert es?

a) 12:15 → 17:15

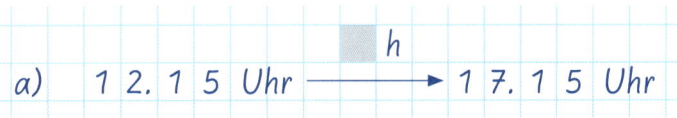

b) 10:30 → 16:30   c) 15:45 → 16:45   d) 16:30 → 18:30

11 Wie viele Minuten dauert es?

a) 08:00 → 08:30

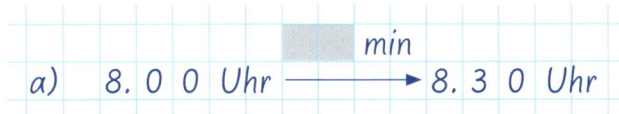

b) 16:15 → 17:00   c) 10:15 → 10:45   d) 12:20 → 12:45

e) 20:30 → 20:45   f) 16:10 → 16:30   g) 18:15 → 18:50

12 Wie viele Minuten dauert es?

a) 08:45 → 09:15   b) 16:30 → 17:15   c) 20:45 → 21:30

d) 12:50 → 13:05   e) 19:45 → 20:20   f) 15:35 → 16:15

Minuten und Sekunden

1 Minute hat 60 Sekunden
1 min = 60 s

 1 Vergleiche die beiden Stoppuhren. Was kannst du ablesen?

 2 Betrachte den Sekundenzeiger einer Uhr bei seiner Runde.

a) Zähle die Sekunden mit.   b) Klopfe die Sekunden auf dem Tisch mit.

 3 Schätzt zuerst. Messt dann die benötigte Zeit mit einer Stoppuhr oder mit dem Sekundenzeiger einer Uhr. Notiert.

a) Wie viele Sekunden könnt ihr …

… Aaaaaa sagen,
ohne Luft zu holen?

… die Luft anhalten?

… den Schulranzen
hochhalten?

b) Wie viele Sekunden braucht ihr, …

… um einen Stift
anzuspitzen?

… um das ABC
aufzuschreiben?

… um den Schulranzen
auszuräumen?

… um 10 Kniebeugen
zu machen?

… um von 1 bis 20
zu zählen?

… ?

 Was kannst du in einer Minute tun?

Plus- und Minusaufgaben üben

 1 Rechne. Überlege zuerst: Welche Stelle ändert sich? Markiere im Heft.

a) 37 + 40
37 + 2

b) 52 + 30
52 + 6

c) 43 + 50
43 + 4

d) 15 + 60
15 + 2

e) 21 + 70
21 + 6

f) 64 + 30
64 + 3

g) 76 + 20
76 + 2

h) 82 + 10
82 + 4

2 Rechne.

a) 42 + 36
25 + 53
63 + 26

b) 34 + 52
17 + 41
56 + 22

c) 71 + 26
82 + 17
44 + 53

d) 36 + 42
23 + 64
65 + 13

3 Rechne.

a) 53 + ▢ = 76
12 + ▢ = 35
31 + ▢ = 65
27 + ▢ = 59

b) 64 + ▢ = 88
46 + ▢ = 79
85 + ▢ = 99
32 + ▢ = 76

c) ▢ + 73 = 97
▢ + 27 = 68
▢ + 52 = 86
▢ + 14 = 59

Hier hilft dir die Umkehraufgabe.

 4 Rechne. Überlege zuerst: Welche Stelle ändert sich? Markiere im Heft.

a) 87 − 40
87 − 3

b) 56 − 30
56 − 4

c) 78 − 50
78 − 6

d) 95 − 60
95 − 2

e) 36 − 20
36 − 5

f) 69 − 40
69 − 6

g) 44 − 20
44 − 3

h) 89 − 50
89 − 3

5 Rechne.

a) 78 − 36
95 − 53
59 − 26

b) 86 − 52
45 − 21
67 − 35

c) 37 − 14
98 − 54
76 − 33

d) 84 − 63
56 − 45
65 − 22

6 Rechne.

a) 67 − ▢ = 32
58 − ▢ = 24
96 − ▢ = 41
79 − ▢ = 43

b) 85 − ▢ = 33
74 − ▢ = 51
49 − ▢ = 12
68 − ▢ = 25

c) ▢ − 66 = 32
▢ − 24 = 45
▢ − 25 = 31
▢ − 43 = 56

Hier hilft dir die Umkehraufgabe.

37 + 25

$$37 + 20 + 3 + 2 = 62$$
Jana

+ 20   + 5

37   57   62
Kim

$$37 + 20 + 5 = 62$$
Justus

+ 20   + 3   + 2

37   57   60   62
Jette

$$37 + 3 + 2 + 20 = 62$$
Olli

+ 3   + 2   + 20

37   40   42   62
Ali

1 Welche Kinder haben den gleichen Rechenweg? Erkläre.

In Schritten

2 Zeichne zu diesen Rechenwegen den Rechenstrich
und rechne.

a) 26 + 17

26 + 10 + 4 + 3

b) 37 + 25

37 + 20 + 3 + 2

+ 10   + 4   + 3

26   36   40   43

c) 36 + 46

36 + 40 + 4 + 2

d) 56 + 35

56 + 30 + 4 + 1

e) 18 + 29

18 + 20 + 2 + 7

3 Rechne. Entscheide, wie du notieren möchtest.

a)	b)	c)	d)
35 + 26	46 + 38	27 + 38	54 + 47
57 + 14	75 + 17	68 + 25	19 + 72
25 + 67	36 + 56	45 + 48	63 + 29
64 + 28	58 + 24	79 + 14	38 + 56

Vergleicht eure Rechenwege.

4 Die Kinder haben diese Rechenwege notiert.

46 + 37 =
46 + 5 + 2 + 30 =
Fabian

38 + 56 =
38 + 50 + 3 + 3 =
Olga

a) Was meinst du dazu? Erkläre.
b) Wie würdest du die Aufgaben lösen?

Zehner und Einer getrennt

47 + 39

Mit der Zehnerzahl

4	0	+	3	0	=	7	0
	7	+		9	=	1	6
7	0	+	1	6	=	8	6

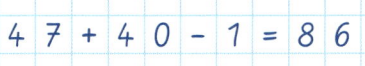
4 7 + 4 0 − 1 = 8 6

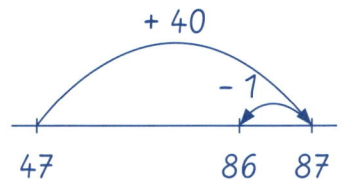

5 Erkläre die Rechenwege.

Kann man beide Rechenwege am Rechenstrich darstellen?

6 Rechne.

a) 28 + 16   b) 36 + 28   c) 77 + 14
d) 45 + 37   e) 56 + 27   f) 15 + 48

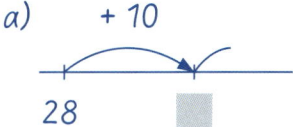

7 Rechne.

a) 45 + 39   b) 23 + 59   c) 56 + 29   d) 37 + 49   e) 65 + 19
f) 47 + 19   g) 24 + 58   h) 55 + 39   i) 36 + 29   j) 33 + 48

8 Rechne.

a) 46 + 37   b) 67 + 16   c) 38 + 54   d) 25 + 27   e) 27 + 57

9 Entscheide, wie du rechnen möchtest.

a) 34 + 47   b) 67 + 18   c) 55 + 39   d) 68 + 26   e) 46 + 47
f) 75 + 18   g) 26 + 48   h) 62 + 29   i) 57 + 34   j) 27 + 39

Vergleicht eure Rechenwege. Habt ihr die gleichen Rechenwege benutzt?

10 Welche Zahlenkarten passen?   17   45   38   29   54

a) ▢ + ▢ = 46   b) ▢ + ▢ = 71   c) ▢ + ▢ = 74
d) ▢ + ▢ = 99   e) ▢ + ▢ = 62   f) ▢ + ▢ = 67

52 − 36

5 2 − 3 0 − 2 − 4 = 1 6

Olga

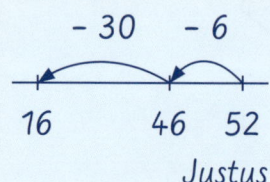
− 30   − 6

16   46   52

Justus

5 2 − 3 0 − 6 = 1 6

Jette

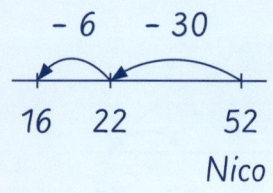
− 6   − 30

16   22   52

Nico

5 2 − 6 − 3 0 = 1 6

Olli

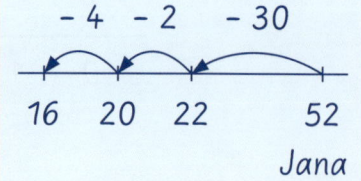
− 4   − 2   − 30

16   20   22   52

Jana

1 Welche Kinder haben den gleichen Rechenweg? Erkläre.

In Schritten

2 Zeichne zu diesen Rechenwegen den Rechenstrich und rechne.

a) 26 − 17

26 − 10 − 6 − 1

b) 55 − 27

55 − 20 − 5 − 2

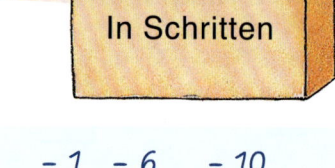
− 1   − 6   − 10

9   10   16   26

c) 72 − 34

72 − 30 − 2 − 2

d) 83 − 46

83 − 40 − 3 − 3

e) 94 − 37

94 − 30 − 4 − 3

3 Rechne. Entscheide, wie du notieren möchtest.

a) 75 − 26
54 − 17
65 − 27
92 − 45

b) 44 − 38
87 − 19
52 − 36
76 − 48

c) 53 − 37
83 − 25
44 − 18
95 − 57

d) 62 − 45
72 − 54
63 − 27
34 − 17

Vergleicht eure Rechenwege.

4 Die Kinder haben diese Rechenwege notiert.

75 − 26 =
75 − 20 − 3 − 3 =
Pia

83 − 47 =
83 − 40 − 4 − 3 =
Robin

a) Was meinst du dazu? Erkläre.
b) Wie würdest du die Aufgaben lösen?

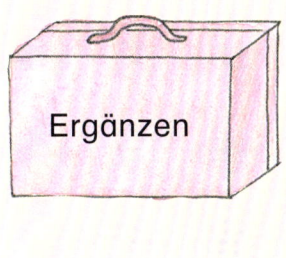

Ergänzen

64 – 59

Mit der Zehnerzahl

5 9 + 5 = 6 4

6 4 – 6 0 + 1 = 5

59 liegt nahe bei 64.

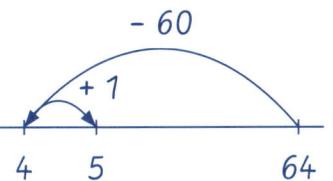

– 60

+ 1

4   5   64

 5 Erkläre die Rechenwege.

6 Rechne.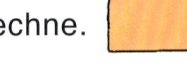

a) 43 – 35   b) 35 – 17   c) 62 – 45
d) 96 – 47   e) 83 – 55   f) 54 – 26

a)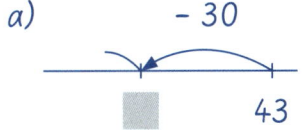

– 30

43

7 Rechne.

a) 56 – 39   b) 34 – 19   c) 65 – 49   d) 47 – 29   e) 56 – 39
f) 45 – 18   g) 87 – 59   h) 95 – 69   i) 83 – 48   j) 77 – 59

8 Rechne.

a) 66 – 57   b) 83 – 75   c) 92 – 88   d) 73 – 66   e) 92 – 85

9 Entscheide, wie du rechnen möchtest.

a) 43 – 16   b) 62 – 39   c) 54 – 27   d) 71 – 68   e) 32 – 28
f) 41 – 25   g) 56 – 38   h) 64 – 47   i) 77 – 59   j) 51 – 49

Vergleicht eure Rechenwege. Habt ihr die gleichen Rechenwege benutzt?

10 Welche Zahlenkarten passen? 29   45   73   36   64

a) ▨ – ▨ = 28   b) ▨ – ▨ = 16   c) ▨ – ▨ = 44
d) ▨ – ▨ = 35   e) ▨ – ▨ = 37   f) ▨ – ▨ = 19

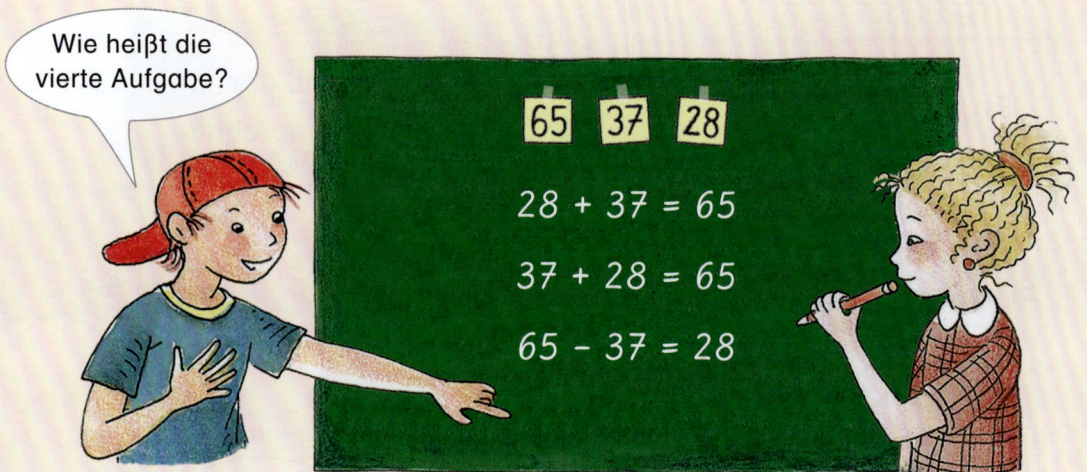

1 Kannst du Justus und Jette helfen?

die Aufgabe
die Tauschaufgabe
die Umkehraufgaben

2 Bilde mit 3 Zahlen 4 Aufgaben.

a) 30 40 70   b) 35 80 45   c) 60 14 46

d) 60 90 30   e) 60 25 35   f) 39 11 50

3 Finde eine passende Zahl. Bilde 4 Aufgaben.

a) 44 26 ?   b) ? 31 53

c) 23 ? 65   d) 56 13 ?

e) 44 ? 29   f) 57 18 ?

g) ? 34 45   h) 65 ? 24

i) 52 16 ?   j) ? 79 12

Hier gibt es immer zwei Möglichkeiten.

4 Das faule Ei: Eine Karte passt nicht.
Bilde mit den 3 passenden Zahlen eine Rechenaufgabe.

a) 69 45 24 79   b) 14 66 53 67

c) 67 34 32 35   d) 61 24 96 35

e) 92 46 28 64   f) 55 91 36 18

g) 88 56 23 33   h) 82 72 44 38

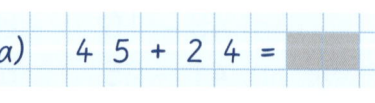

oder

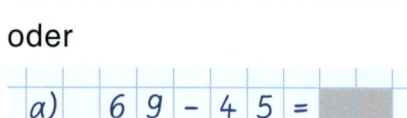

Finde selbst Aufgaben zu „3 Zahlen – 4 Aufgaben".

Ich denke mir eine Zahl.
Ich zähle 36 dazu
und erhalte 79.

Ich rechne so:
☐ + 36 = 79

Ich rechne so:
79 – 36 = ☐

1 Wie lösen Jette und Justus das Zahlenrätsel?
Wie löst du dieses Zahlenrätsel?

Ich denke mir eine Zahl.
Ich ziehe 46 ab und erhalte 42.

2 Löse die Zahlenrätsel.

a) Ich denke mir eine
Zahl. Ich ziehe 28 ab
und erhalte 61.

b) Ich denke mir eine
Zahl. Ich zähle 64
dazu und erhalte 86.

c) Ich denke mir eine
Zahl. Ich ziehe 34 ab
und erhalte 45.

d) Ich denke mir eine
Zahl. Ich zähle 25
dazu und erhalte 88.

e) Ich denke mir eine
Zahl. Ich ziehe 36 ab
und erhalte 52.

f) Ich denke mir eine
Zahl. Ich zähle 76
dazu und erhalte 99.

3 Löse die Zahlenrätsel.

a) Welche Zahl muss
ich von 75 abziehen,
um 45 zu erhalten?

b) Welche Zahl muss ich
zu 35 dazurechnen,
um 62 zu erhalten?

c) Welche Zahl muss
ich von 91 abziehen,
um 28 zu erhalten?

Denke dir selbst Zahlenrätsel aus. Gib sie einem Partnerkind zum Lösen.

4 Platzhalteraufgaben: Welche Zahlenkarte passt?

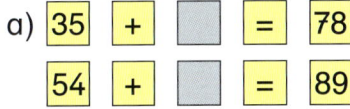
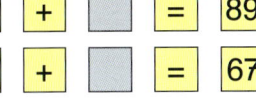

a) 35 + ☐ = 78
54 + ☐ = 89
26 + ☐ = 67

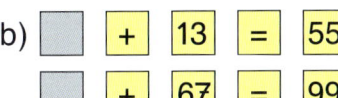
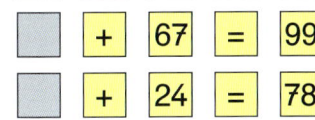

b) ☐ + 13 = 55
☐ + 67 = 99
☐ + 24 = 78

 54
 41
35
32 42 43

5 Platzhalteraufgaben: Welche Zahlenkarte passt?
Überprüfe mit der Umkehraufgabe.

79 – ☐ = 43,
denn
43 + ☐ = 79.

a) 79 – ☐ = 43
96 – ☐ = 22
75 – ☐ = 31

b) ☐ – 32 = 47
☐ – 23 = 45
☐ – 46 = 42

 79
 88
 44
36 74 68

A	B	C	D
32 + 22 = ▢	65 + 32 = ▢	28 + 42 = ▢	58 + 12 = ▢
42 + 24 = ▢	55 + 30 = ▢	38 + 41 = ▢	56 + 22 = ▢
52 + 26 = ▢	45 + 28 = ▢	48 + 40 = ▢	54 + 32 = ▢
62 + 28 = ▢	35 + 26 = ▢	58 + 39 = ▢	52 + 42 = ▢

1 Entdeckerpäckchen:

Welches Päckchen hat Jette beschrieben?

Rechne das Entdeckerpäckchen.

Hat Jette mit ihrer Vermutung recht?

> Die erste Zahl wird immer um 10 größer. Die zweite Zahl wird immer um 1 kleiner. Ich vermute, dass das Ergebnis immer um 9 größer wird.

2 Rechne das Entdeckerpäckchen A.

Beschreibe das Päckchen.

3 a) Notiere die Beschreibung des Päckchens B.

b) Schreibe das Päckchen B auf und rechne.
   Prüfe: Stimmt deine Beschreibung?

c) Mach dasselbe für das Päckchen D.

> Die erste Zahl …
> Die zweite Zahl …
> Das Ergebnis …
> … wird immer um __ größer.
> … wird immer um __ kleiner.
> … bleibt immer gleich.

4 Justus und Ali erfinden Entdeckerpäckchen mit Minusaufgaben.

So gehen sie dabei vor:

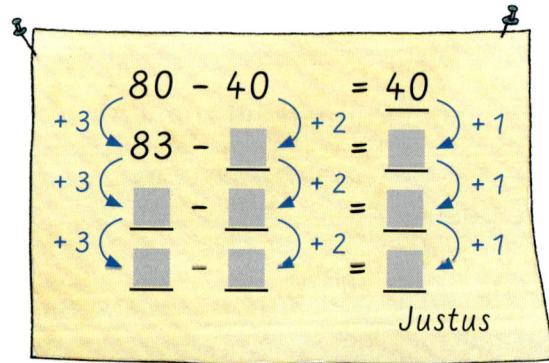

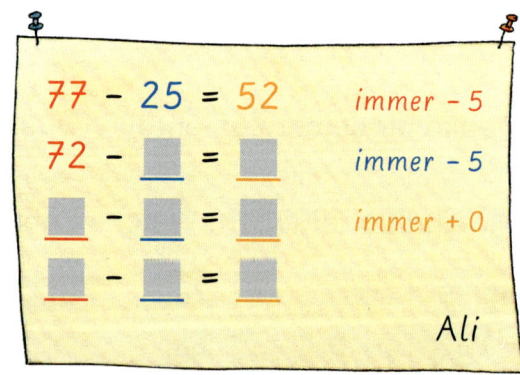

a) Setze ihre Päckchen fort.

b) Erfinde selbst ein Entdeckerpäckchen mit Minusaufgaben.

5 Warum muss bei den Aufgabenpaaren jeweils das gleiche Ergebnis herauskommen? Begründe.

a) 67 + 23
   68 + 22

b) 58 + 17
   60 + 15

c) 47 − 29
   46 − 28

d) 78 − 14
   80 − 16

 6 a) Was passiert mit dem Ergebnis, wenn man eine Zahl in der Aufgabe verändert?

b) Schreibe die Satzanfänge auf und vervollständige sie.

7

> 58 – 16 = ▧
>
> *Die erste Zahl bleibt immer gleich.*
> *Die zweite Zahl wird immer um 1 kleiner.*

a) Lies die Beschreibung.
Schreibe das Päckchen auf und rechne.

b) Was passiert mit dem Ergebnis?

Das Ergebnis ...

8

> 68 – 22 = ▧
>
> *Die erste Zahl wird immer um 2 größer.*
> *Die zweite Zahl wird immer um 1 kleiner.*

a) **Überlege zuerst:** Lies die Beschreibung.
Was passiert mit dem Ergebnis?

Das Ergebnis ...

b) Schreibe das Päckchen auf und rechne.
Stimmt deine Überlegung?

9 Auch das sollen Entdeckerpäckchen werden.

a) 27 + 32	b) 57 – 38	c) 46 + 28	d) 45 – 15	e) 22 + 72
29 + 42	▧ – ▧	▧ + ▧	▧ – ▧	▧ + ▧
▧ + ▧	63 – 30	▧ + ▧	▧ – ▧	▧ + ▧
33 + 62	66 – 26	16 + 34	60 – 21	55 + 63

 Erfinde Minus-Entdeckerpäckchen mit immer gleichem Ergebnis.

Knobelmauern

Knobelmauer
Welche Zahl steht im mittleren Grundstein?

80

20   10

Ich probiere es mal mit der 30.

Die 30 ist zu groß. Dann nehme ich die 20.

Die 20 ist zu klein. Hm …

Jetzt hab ich's!

 1 Wie löst Jette die Knobelmauer? Erkläre.

Löst du sie auch so? Oder anders?

2 Löse die Knobelmauern.

a)
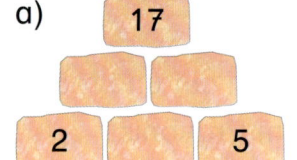

17

2   5

b)

16

5   5

c)

15

3   4

d)

18

9   5

3 Löse die Knobelmauern.

a)
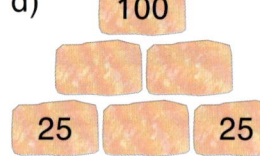

100

25   25

b)

60

10   20

c)
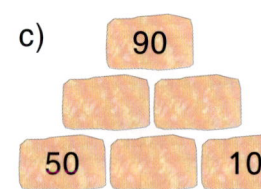

90

50   10

d)
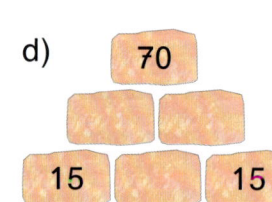

70

15   15

4 Löse die Knobelmauern. Vorsicht! Nicht alle Mauern sind lösbar.

a)
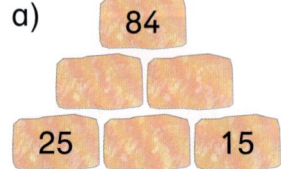

84

25   15

b)

50

32   5

c)
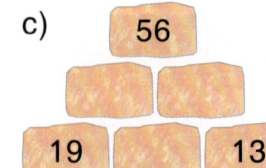

56

19   13

d)
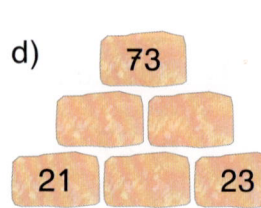

73

21   23

e) Wenn eine Mauer nicht lösbar ist, dann ändere einen Grundstein so, dass du sie lösen kannst.

Erfinde Knobelmauern. Schreibe die jeweilige Lösung auch dazu.

1 Wie findest du die fehlenden Zahlen? Erkläre.

2 Die **Innenzahlen** ergeben zusammen **100**. Finde die fehlenden Zahlen.

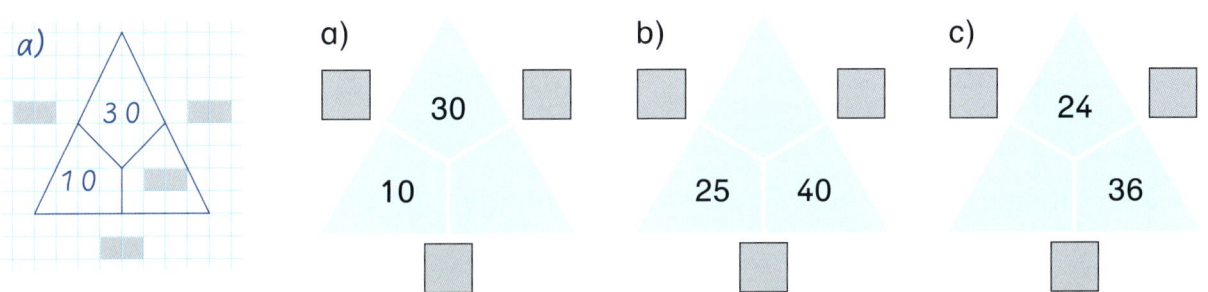

a)

a) 30 10

b) 25 40

c) 24 36

3 Die **Innenzahlen** ergeben zusammen **100**. Finde die fehlenden Zahlen.

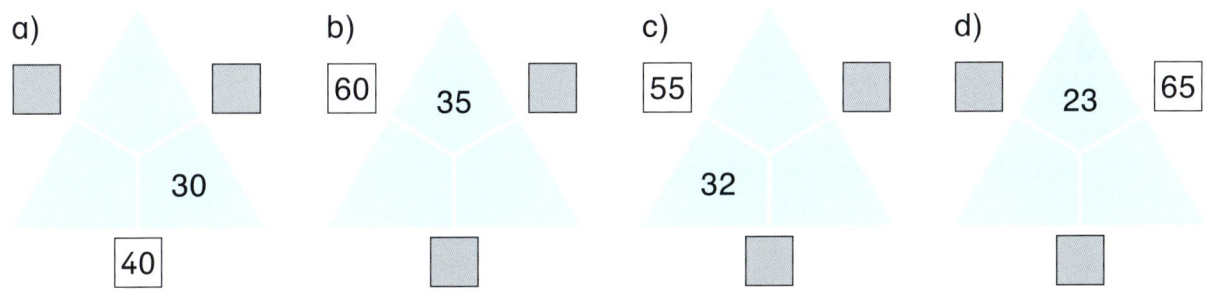

a) 30 40

b) 60 35

c) 55 32

d) 23 65

4 a) Berechne die **Außenzahlen**. Musst du immer neu rechnen?
b) Rechne die **Innenzahlen** zusammen. Rechne die **Außenzahlen** zusammen.
   Was stellst du fest?

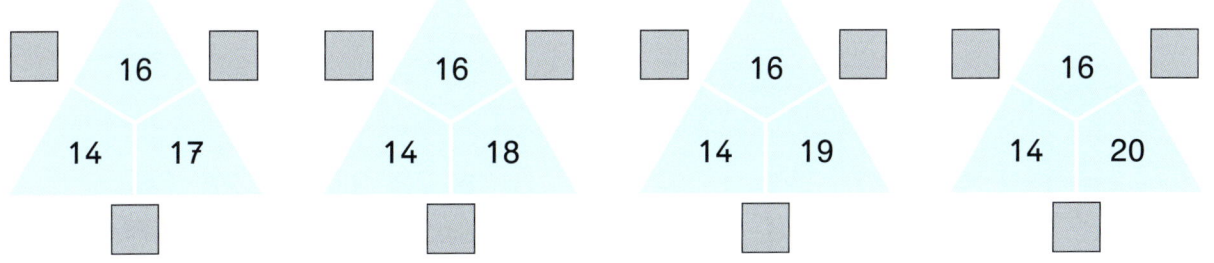

16 14 17

16 14 18

16 14 19

16 14 20

Zahlenfolgen

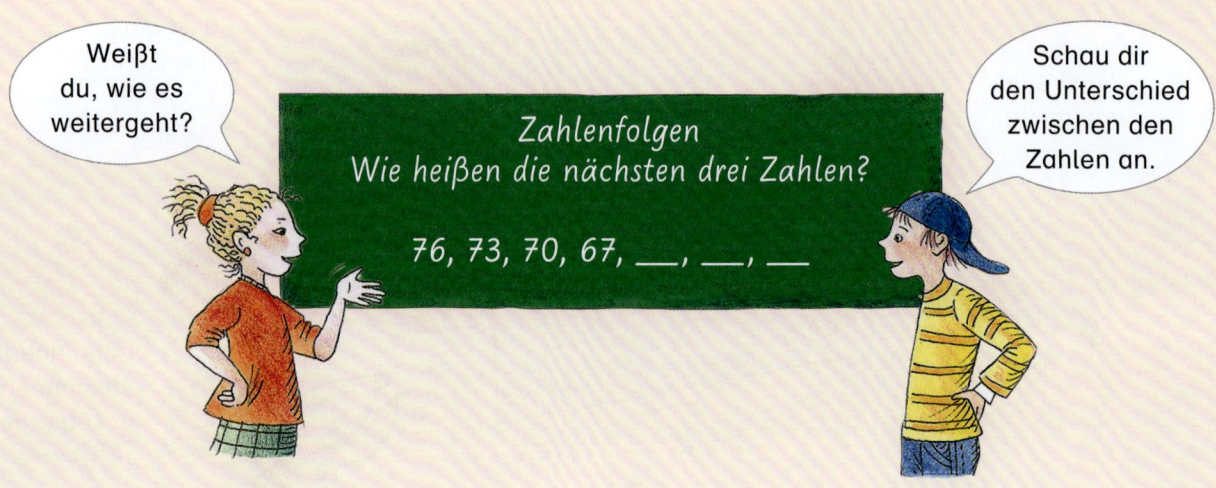

 1 Weißt du, wie es weitergeht? Was meint Justus? Erkläre.

> die **Zahlenfolge**
> die **Regel**
> immer + ▪
> immer − ▪

2 Wie geht es weiter? Setze die Zahlenfolgen fort.

a) 8, 10, 12 … 20

b) 1, 3, 5 … 13

c) 40, 45, 50 … 70

d) 47, 45, 43 … 35

e) 64, 62, 60 … 52

f) 90, 85, 80 … 60

3 Wie heißt die Regel? Setze die Zahlenfolgen fort und schreibe die Regel auf.

a) 34, 38, 42 … 58

b) 48, 51, 54 … 66

c) 57, 62, 67 … 87

d) 69, 66, 63 … 51

e) 52, 48, 44 … 28

f) 81, 76, 71 … 51

g) Denke dir selbst Zahlenfolgen aus.

> Schau dir den Unterschied zwei aufeinanderfolgender Zahlen an.

a)	3 4	,	3 8	,	4 2 …
	immer	+	4		

4 Vorsicht Fehler! Schreibe die Zahlenfolge richtig in dein Heft.

a) Immer + 3

23, 26, 29, 33, 36, 39

58, 62, 65, 68, 71, 74

b) Immer − 5

62, 57, 52, 47, 43, 38

94, 89, 84, 79, 84, 79

5 Wie heißen die nächsten vier Zahlen?

a) 1, 2, 4, 7, 11 …

b) 22, 26, 24, 28, 26 …

c) 76, 75, 73, 70, 66 …

d) 57, 54, 52, 49, 47 …

1 Wieso heißen die Zahlen 1, 3, 6, 10 … Dreieckszahlen? Erkläre.
Wie geht es weiter?

2 a) Lege die 5. Figur.
Wie viele Würfel legst du dazu?

b) Wie viele Würfel legst du
bei der 6. Figur dazu?

3 Aus wie vielen Würfeln besteht die 10. Figur?

4 Aus wie vielen Würfeln besteht …
a) die 13. Figur? 　　　　　　　　　　　b) die 15. Figur?

Rechteckszahlen

5 Wie viele Würfel hat Fredo unter dem Tuch versteckt?

6 Aus wie vielen Würfeln besteht die 6. Figur?

7 Aus wie vielen Würfeln besteht die 10. Figur?

Schaubilder

1 Laura hat diese Mauern gebaut.

Vermute: Von welcher Farbe wurden die meisten Steine verbaut?

Vermute: Von welcher Farbe wurden die wenigsten Steine verbaut?

Zähle die Steine. Trage die Anzahlen in eine Tabelle ein.

	rot	blau	gelb	grün
Anzahl				

2 Justus möchte diese Mauer nachbauen. Er hat so viele Steine:

	rot	blau	gelb	grün
Anzahl	8	8	5	5

Hat Justus von jeder Farbe genug Steine?

3 Jette möchte diese drei Mauern nachbauen.

	rot	blau	gelb	grün
Anzahl	2 4	2 2	1 5	2 0

Beantworte folgende Fragen:

a) Hat Jette genug rote Steine?

b) Wie viele gelbe Steine hat Jette übrig?

c) Wie viele blaue Steine fehlen Jette?

d) Hat Jette grüne Steine übrig?

 Baue eine eigene Mauer. Zähle die Steine und lege eine Tabelle an.

Anregung: Tabellen am Computer erstellen (*Produzieren und Präsentieren*)

Justus hat genauso viele Bausteine wie Jette.

Er hat Türme gebaut und dazu ein
Säulendiagramm gezeichnet.

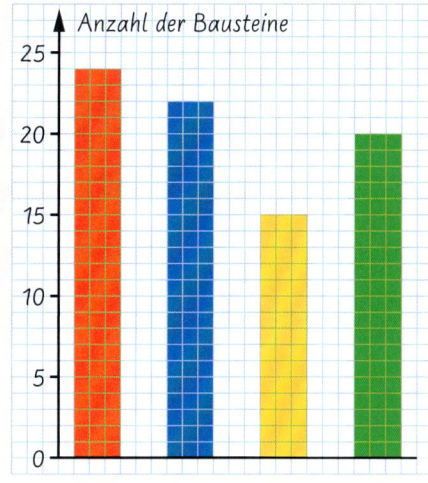

Anzahl der Bausteine

 4 Vergleiche die Türme und das Säulendiagramm. Beschreibe.
Was kannst du aus dem Säulendiagramm ablesen?

5 Richtig oder falsch?

a) Justus hat mehr blaue als rote Steine.

b) Justus hat weniger grüne als blaue Steine.

c) Er hat gleich viele rote und gelbe Steine.

d) Die meisten Steine von Justus sind rot.

die Tabelle
das Säulendiagramm

6 Wo kannst du die Antwort schneller ablesen:
In Jettes Tabelle (Aufgabe 3) oder in Justus' Säulendiagramm (Aufgabe 4)?

a) Von welcher Farbe haben Jette und Justus die meisten Steine?

b) Von welcher Farbe haben sie die wenigsten Steine?

c) Wie viele blaue Steine haben sie?

d) Wie viele gelbe Steine haben sie?

e) Haben sie mehr grüne oder mehr rote Steine?

f) Wie viele Steine haben sie insgesamt?

 Vergleicht eure Antworten.

 7 Ali hat seine Steine auch gezählt. Zeichne ein Säulendiagramm.

	rot	blau	gelb	grün
Anzahl	1 7	1 3	7	9

 Baue eine eigene Mauer. Zähle die Steine und zeichne ein Säulendiagramm.

1 Die Klasse 2a führt mit ihrer Lehrerin ein Zufallsexperiment durch.
Im Säckchen sind fünf Bausteine. Erkläre.

2 Schau dir die Strichliste an.

a) Was kannst du über die Steine im Säckchen sagen?
Was weißt du sicher? Was vermutest du?

b) Aus welchem Säckchen kann die Klasse gezogen haben?
Welches Säckchen passt am besten zur Stichliste?

 A  B 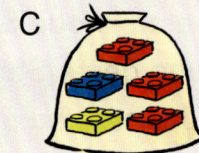 C  D  E

3 Schau dir die Strichliste an.

a) Wie oft wurde ein ▭ gezogen?
b) Wie oft wurde ein ▭ gezogen?
c) Welche Farbe wurde am häufigsten gezogen?

4 Richtig oder falsch? Überprüfe die Aussagen.

a) Es ist **sicher**, dass ich einen ▭, ▭ oder ▬ ziehe.
b) Es ist **möglich**, dass ich einen ▭ ziehe.
c) Es ist **sicher**, dass ich einen ▭ ziehe.
d) Es ist **unmöglich**, dass ich einen ▬ ziehe.
e) Es ist **unmöglich**, dass ich einen ▭ ziehe.

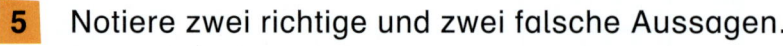

5 Notiere zwei richtige und zwei falsche Aussagen.

Es ist **sicher**, dass …   Es ist **möglich**, dass …

Es ist **unmöglich**, dass …

ziehen und **notieren**

zurücklegen

 6 Justus hat ein Säckchen mit fünf Bausteinen gefüllt.
Er hat nur rote und blaue Steine genommen.
So sieht das Ergebnis nach 20-mal ziehen aus.
Erzähle.

7 Wie viele  sind es, wie viele sind es?

a) Füllt zwei Säckchen mit fünf Bausteinen und arbeitet wie Justus und Jette.
Was habt ihr herausgefunden?

b) Vergleicht eure Ergebnisse in der Klasse.

8 Welche Farbe wurde häufiger gezogen?
Von welcher Farbe sind vermutlich mehr Steine
im Säckchen?

9 Es sind sechs Bausteine im Säckchen.
Vermute: Wie viele rote Steine und wie viele
blaue Steine sind im Säckchen?

10 Du gewinnst, wenn du einen roten Stein ziehst.
Überlege.

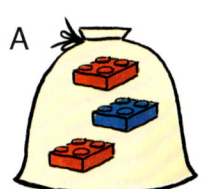

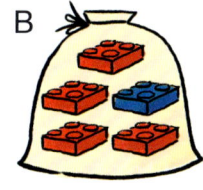

a) Aus welchem der beiden Säckchen
würdest du ziehen? Begründe.

b) Zeichne ein Säckchen, mit dem du **sicher** gewinnst.

c) Zeichne ein Säckchen, mit dem es **unmöglich** ist, zu gewinnen.

 11 Zeichne zwei Säckchen, die passen könnten.

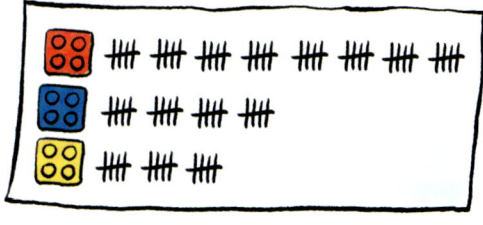

Kombinieren

1 Justus und Jette bauen 4er-Türme
mit roten und blauen Steinen.
Wie gehen sie vor? Erkläre.

> die Möglichkeiten
> eine Möglichkeit
> die Strategie
> tauschen

2 Baue 4er-Türme mit roten und blauen Steinen. Ordne sie.
Finde alle 16 Möglichkeiten.
Notiere jede neue Möglichkeit auf einen neuen Zettel.

Vergleicht eure Lösungen. Wie habt ihr geordnet?
Findet Namen für eure Strategien.

3 Finde Gegenpaare zu den Türmen. Zeichne sie auf.

4 3er-Türme mit roten, blauen und gelben Steinen:

a) Entscheide dich für eine Strategie.

b) Baue, zeichne und ordne die Türme.

c) Vergleicht eure Lösungen. Erklärt euch, wie ihr geordnet habt.

 5 Die Klasse 2b baut 4er-Türme mit roten, blauen, gelben und grünen Steinen.
Jede Farbe soll einmal vorkommen. Erkläre, wie sie vorgehen.

6 4er-Türme mit roten, blauen, gelben und grünen Steinen:

Jede Farbe
soll einmal
vorkommen.

a) Vermute: Wie viele Möglichkeiten gibt es?
Entscheide dich für eine Strategie.
Baue und notiere diese 4er-Türme.
Ordne die Lösungen.

b) Vergleicht eure Lösungen. Legt gleiche Lösungen aufeinander.
Einigt euch auf eine Anordnung und ordnet die Lösungen.

c) Stellt in der Klasse eure Lösungen vor.
Wie haben die anderen geordnet?
Beschreibt eure Strategien.

7 3er-Türme mit roten, blauen, gelben und grünen Steinen:

Jede Farbe
soll höchstens einmal
vorkommen.

a) Vermute: Wie viele Möglichkeiten gibt es?
Entscheide dich für eine Strategie.
Baue und notiere diese 3er-Türme.
Ordne die Lösungen.

b) Vergleicht eure Lösungen. Legt gleiche Lösungen aufeinander.
Einigt euch auf eine Anordnung und ordnet die Lösungen.

c) Stellt in der Klasse eure Lösungen vor. Wie haben die anderen geordnet?
Beschreibt eure Strategien.

8 Vergleiche die Ergebnisse der Aufgaben 6 und 7. Was fällt dir auf? Begründe.

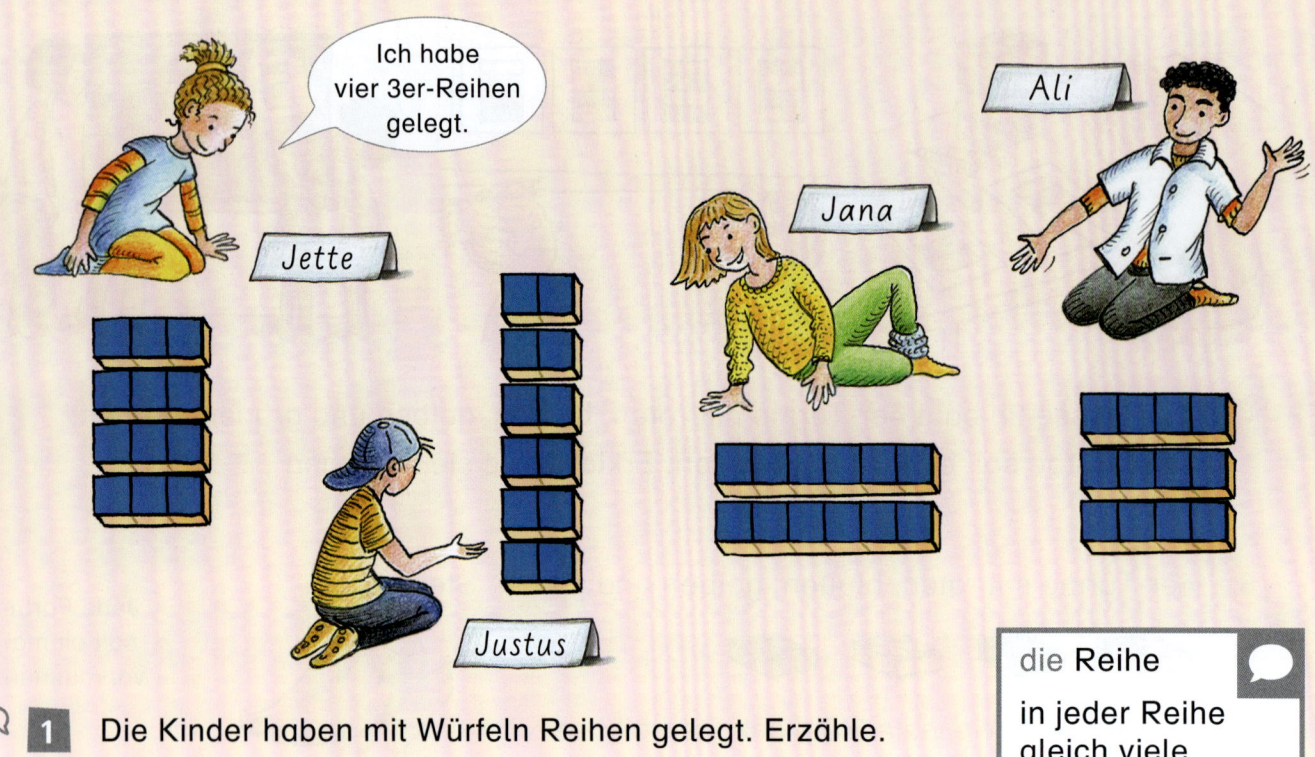

Ich habe vier 3er-Reihen gelegt.

Jette

Jana

Ali

Justus

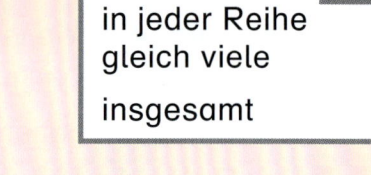

die Reihe

in jeder Reihe gleich viele

insgesamt

💬 **1** Die Kinder haben mit Würfeln Reihen gelegt. Erzähle.

2 Wie viele Würfel hat jedes Kind insgesamt gelegt?
Schreibe und rechne jeweils die Plusaufgabe
und die Malaufgabe.

$3 + 3 + 3 + 3 = 12$ ❗

$4 \cdot 3 = 12$

4 mal **3** ist gleich **12**

Wie oft? Was? Insgesamt?

🖐 **3** Lege die Reihen.
Schreibe die Plusaufgabe und die Malaufgabe.

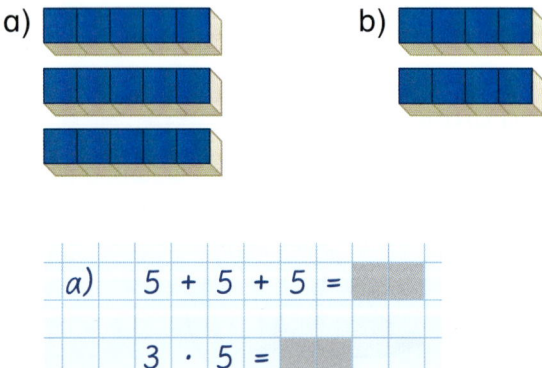

a) $\quad 5 + 5 + 5 = \square$

$3 \cdot 5 = \square$

b)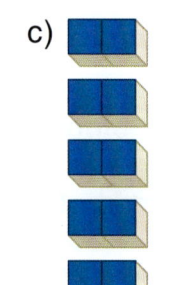

c)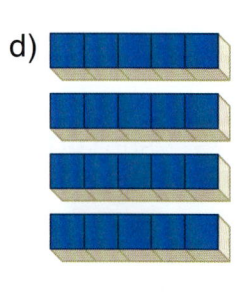

d)

4 Schreibe die Plusaufgabe und die Malaufgabe.

a) Lege 3 Reihen mit je 6 Würfeln.
b) Lege 6 Reihen mit je 4 Würfeln.
c) Lege 7 Reihen mit je 2 Würfeln.
d) Lege 5 Reihen mit je 3 Würfeln.
e) Lege 4 Reihen mit je 7 Würfeln.

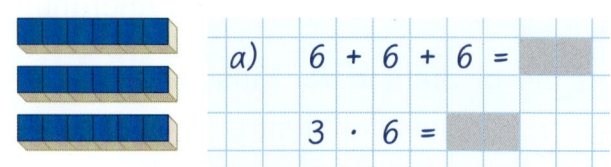

a) $\quad 6 + 6 + 6 = \square$

$3 \cdot 6 = \square$

84

5 Schreibe die Plusaufgabe und die Malaufgabe. Wie oft siehst du hier was?

a)

b)

c)

d)

6 Schreibe die Plusaufgabe und die Malaufgabe. Wie oft siehst du hier was?

a)

b)

c)

d)

e)

f)

g)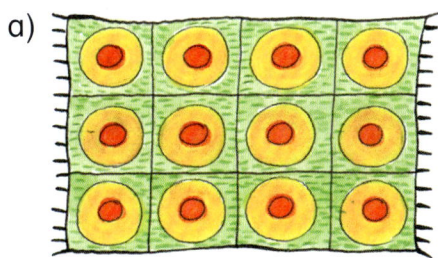

7 Welche Malaufgabe siehst du?
Schreibe die Plusaufgabe und die Malaufgabe.

a)

b)

c)

Finde Malaufgaben in deiner Umgebung.
Zeichne oder klebe sie in dein Lerntagebuch.
Schreibe immer die Malaufgabe dazu.

Du kannst auch ein Foto machen.

Ich habe insgesamt 18 Würfel.

Ich lege 6er-Reihen.

1 Wie viele Reihen hat Justus gelegt? Erzähle.

18 : 6 = 3

18 geteilt durch **6** ist gleich **3**

Insgesamt?   Was?   Wie oft?

2 Wie kann Justus die 18 Würfel noch aufteilen?

 3 Nimm 12 Würfel und teile auf. Schreibe die Geteiltaufgabe.

a) Lege 4er-Reihen.
b) Lege 3er-Reihen.
c) Lege 6er-Reihen.
d) Lege 2er-Reihen.

a)   1 2 : 4 =

 4 Lege und rechne Geteiltaufgaben. Finde verschiedene Möglichkeiten.

a) Nimm 16 Würfel und teile auf.
b) Nimm 20 Würfel und teile auf.

a)   1 6 : 8 =

1 6 :   =

 5 Lege und rechne.

a)	8 : 4	b)	10 : 2	c)	12 : 4
	18 : 2		14 : 7		14 : 2
	15 : 5		20 : 10		16 : 4
	20 : 4		15 : 3		10 : 5

a)   8 : 4 =

6 Schreibe und rechne die Geteiltaufgabe.

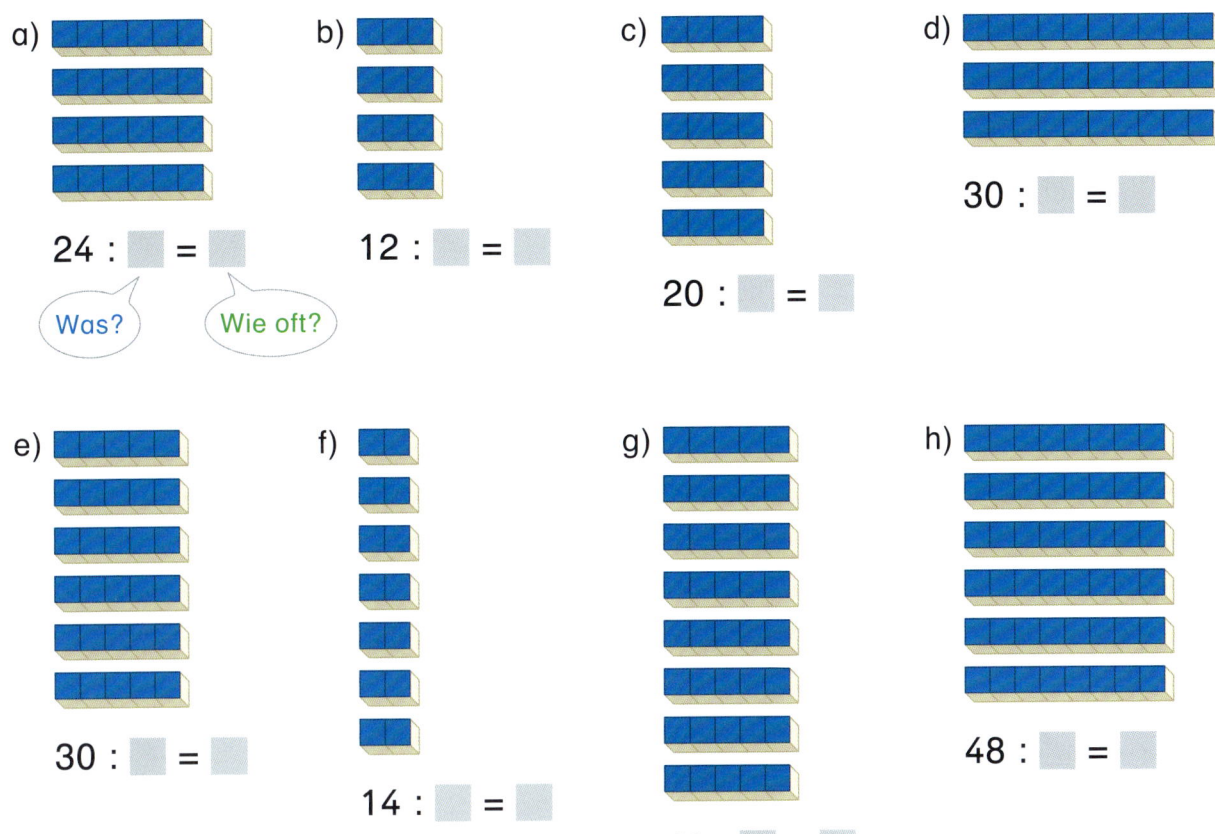

a) 24 : ☐ = ☐

Was? Wie oft?

b) 12 : ☐ = ☐

c) 20 : ☐ = ☐

d) 30 : ☐ = ☐

e) 30 : ☐ = ☐

f) 14 : ☐ = ☐

g) 40 : ☐ = ☐

h) 48 : ☐ = ☐

7 Übt zu zweit wie Jette und Justus.

15 : 3   18 : 9   12 : 6   20 : 5   10 : 2   16 : 4   14 : 7

Es sind insgesamt **15** Würfel. **Wie oft** kannst du **3** Würfel in eine Reihe legen?

15 : 3

15 geteilt durch **3** ist gleich **5**. Ich kann **5** Reihen legen.

8 Schreibe Geteiltaufgaben. Finde verschiedene Möglichkeiten.

a) Insgesamt 36 Würfel   b) Insgesamt 40 Würfel   c) Insgesamt 48 Würfel

Vergleiche mit einem Partnerkind.

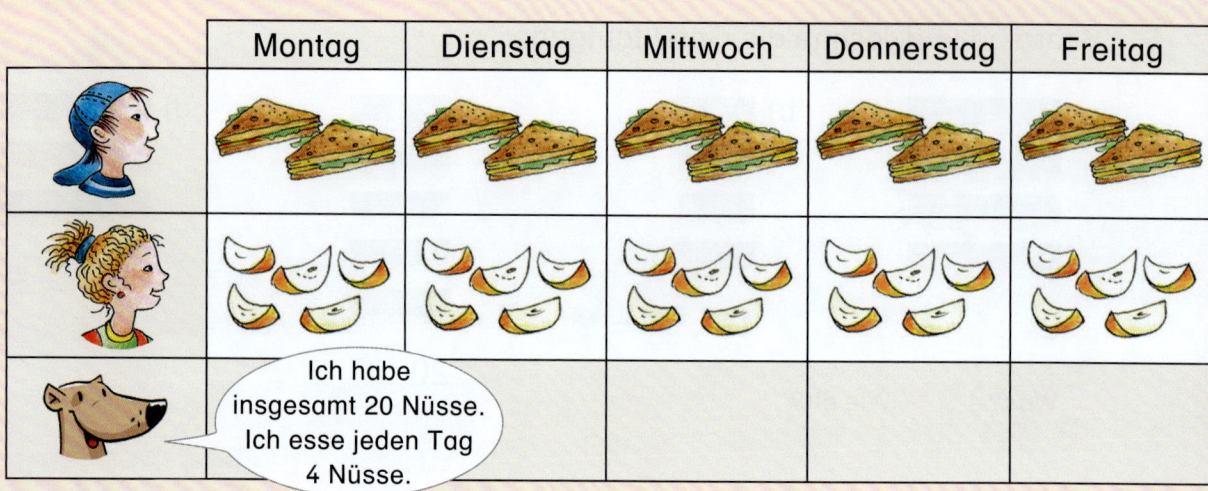

	Montag	Dienstag	Mittwoch	Donnerstag	Freitag
	Ich habe insgesamt 20 Nüsse. Ich esse jeden Tag 4 Nüsse.				

 1 Erzähle Malgeschichten und Geteiltgeschichten.

Wie oft?
Was?
Insgesamt?

2 Gemeinsames Frühstück in der Klasse:
Erzählt und schreibt die Malaufgaben auf.

a)

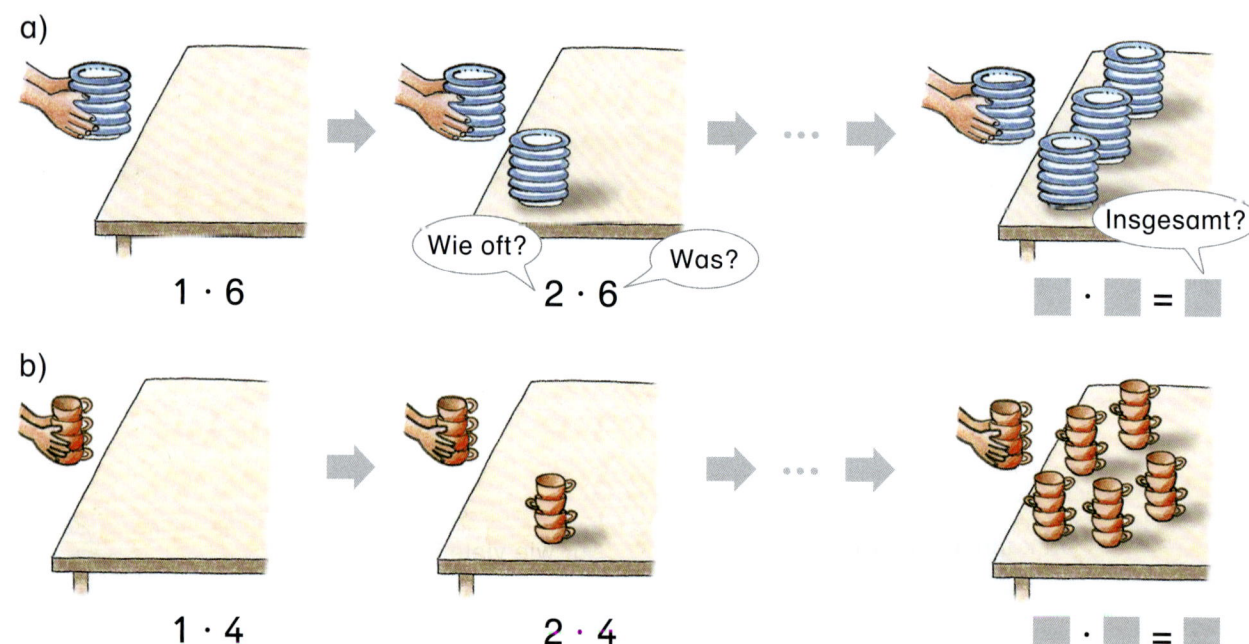

1 · 6   Wie oft?   2 · 6   Was?   Insgesamt?   ☐ · ☐ = ☐

b)

1 · 4   2 · 4   ☐ · ☐ = ☐

3 Erzählt und schreibt die Geteiltaufgaben auf.

a) Insgesamt?

Montag	Dienstag	Mittwoch	

Was?   Wie oft?

a) ... 12 : ☐ = ☐

b) ... 15 : ☐ = ☐

4 Wie heißt die passende Aufgabe?

$$3 \cdot 5 \qquad 12 : 3 \qquad 4 \cdot 3$$

a)
Ich trage
4-mal 3 Tassen zum
Tisch. Wie viele Tassen
sind es insgesamt?

b)
Ich hole
3-mal 5 Teller aus dem
Schrank. Wie viele Teller
sind es insgesamt?

c)
Ich habe
12 Schüsseln. Ich kann
immer 3 Schüsseln tragen.
Wie oft muss ich
laufen?

5 Wie heißt die passende Aufgabe?

$$6 \cdot 7 \qquad 14 : 2 \qquad 9 \cdot 3 \qquad 16 : 2 \qquad 40 : 4 \qquad 7 \cdot 3$$

a)
Mein Buch hat
40 Seiten. Ich lese jeden
Abend 4 Seiten. Nach wie
vielen Tagen habe ich das
Buch ausgelesen?

b)
In 6 Wochen
habe ich Geburtstag.
Wie viele Tage sind das
noch?

c)
Ich putze mir
jeden Tag dreimal die
Zähne. Wie oft putze ich
sie in einer Woche?

d)
Ich habe
16 Euro. Der Eintritt ins
Freibad kostet 2 Euro. Wie
oft kann ich schwimmen
gehen?

e)
In einer Tüte
sind 14 Äpfel. Ich esse
jeden Tag 2 Stück.
Für wie viele Tage
reicht die Tüte?

f)
Im Kino läuft
seit 9 Tagen dreimal täglich
„Hexe Lilli". Wie oft ist
der Film gelaufen?

6 Welche Geschichte ist eine Malgeschichte? Schreibe sie auf und rechne.

*Ich habe schon 2-mal auf dem Bauernhof
Urlaub gemacht. Dort gibt es drei Pferde.*

*Ich bin schon 3-mal mit dem
Flugzeug geflogen. Wir sind
immer um 7 Uhr gestartet.*

*Ich war schon 4-mal in Spanien,
jedes Mal 2 Wochen lang.*

 Erfinde eigene Malgeschichten. Ein Partnerkind soll sie lösen.

Es sind 32 Karten.

Jeder soll gleich viele bekommen.

Keine Karte bleibt übrig.

32 : 4 = 8

32 geteilt durch **4** ist gleich **8**

Insgesamt?   Wie oft?   Was?

1 Wie verteilt Jette die 32 Karten an 4 Kinder?
Wie viele Karten bekommt jedes Kind?

2 Wie viele Karten bekommt jedes Kind?

Verteilt die 32 Karten an …
a) 2 Kinder.
b) 8 Kinder.

a)   3 2 : 2 =

Jedes Kind bekommt …

3 Wie viele Würfel bekommt jedes Kind?

Verteile 12 Würfel an …
a) 2 Kinder.
b) 4 Kinder.
c) 3 Kinder.
d) 6 Kinder.

a)   1 2 : 2 =

Jedes Kind bekommt …

4 Würfel verteilen: Lege und rechne.

a) 10 : 2   b) 24 : 6   c) 25 : 5   d) 16 : 2
   18 : 3   20 : 5   20 : 10   16 : 4
   15 : 5   14 : 2   10 : 5   20 : 2

a)   1 0 : 2 =

5 An wie viele Kinder kannst du 42 Würfel verteilen?
Wie viele Würfel bekommt jedes Kind? Finde verschiedene Möglichkeiten.

Vergleiche mit einem Partnerkind.

Was kannst du noch verteilen? Schreibe eine passende Geteiltaufgabe dazu.

6 Wie kann Justus die Tafel Schokolade gerecht verteilen?

7 Wie viele Stücke bekommt jedes Kind?

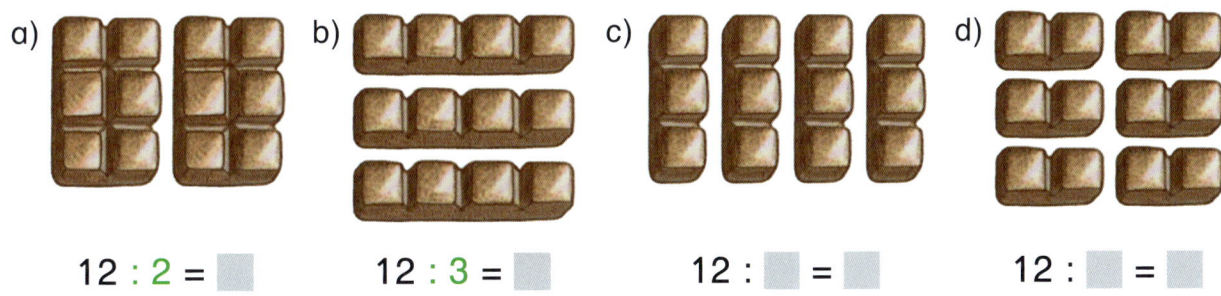

a) $12 : 2 = \blacksquare$ b) $12 : 3 = \blacksquare$ c) $12 : \blacksquare = \blacksquare$ d) $12 : \blacksquare = \blacksquare$

8 Die Tafel Schokolade hat 18 Stücke. Wie viele Stücke bekommt jedes Kind, wenn es ...

a) 2 Kinder sind?
b) 3 Kinder sind?
c) 6 Kinder sind?

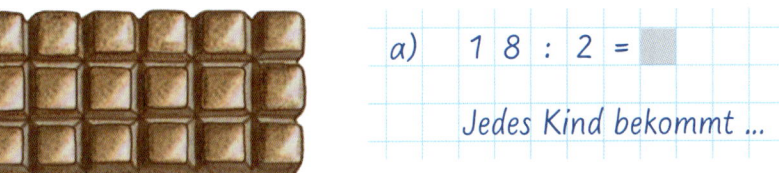

a) $1\,8 : 2 = \blacksquare$

Jedes Kind bekommt ...

9 Kannst du die Tafel Schokolade von Aufgabe 8 gerecht teilen, wenn es ...

a) 4 Kinder sind?
b) 5 Kinder sind?
c) 9 Kinder sind?

Wenn sie für einen ist?

Verdoppeln

1 Wie hat Jette verdoppelt? Erkläre.

verdoppeln
das Doppelte von
das Gleiche noch mal

2 Lege und verdopple.

a) 5 b) 7 c) 6 d) 9 e) 8
f) 20 g) 10 h) 40 i) 30 j) 50

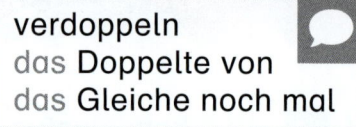

a) 5 + 5 =
2 · 5 =

3 Verdopple.

a) 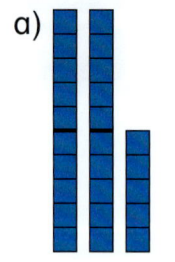 b) 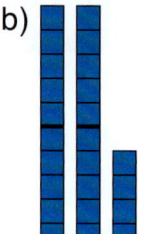 c)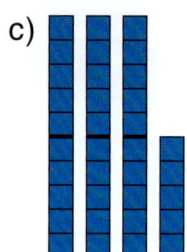

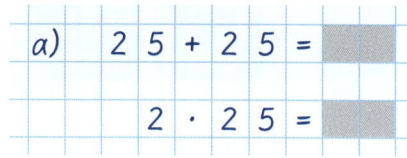

a) 2 5 + 2 5 =
2 · 2 5 =

d) 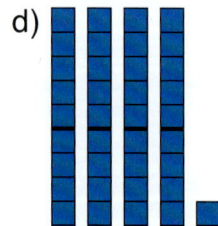 e) 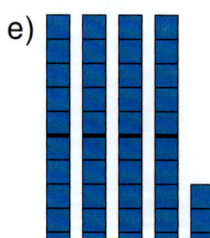 f)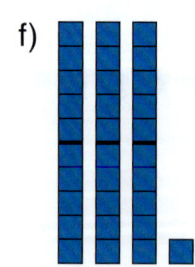

4 Verdopple.

a) 12 b) 14 c) 15 d) 16 e) 18
f) 21 g) 23 h) 32 i) 36 j) 44

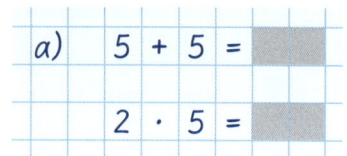

a) 1 2 + 1 2 =
2 · 1 2 =

5 Verdopple immer weiter. Wie weit kommst du?

a) 5 b) 8

a) 5 , 1 0 , 2 0 , …

Halbieren

Ich halbiere 60.

Die Hälfte von 60 ist 30.

Jetzt weiß ich auch, was die Hälfte von 70 ist.

1 Wie kann Jette die Zahl 70 halbieren? Erkläre.

> halbieren
> die Hälfte von
> in 2 gleich große Portionen teilen

 2 Lege und halbiere.

a) 20   b) 40   c) 60   d) 80   e) 100

a)   2 0 : 2 =

 3 Lege und halbiere.

a) 40   b) 20   c) 80   d) 60
   50   30   90   70

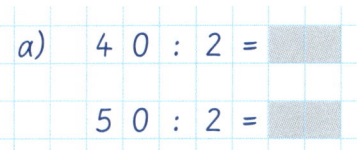

a)   4 0 : 2 =
      5 0 : 2 =

 4 Halbiere.

a)
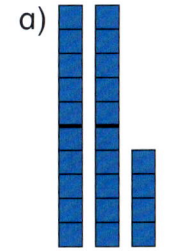

b)
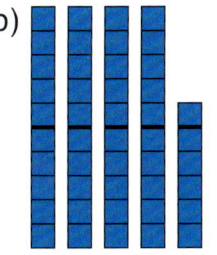

c)
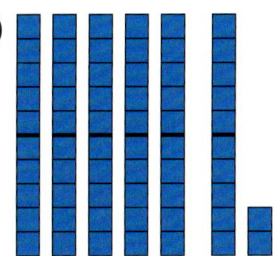

d)
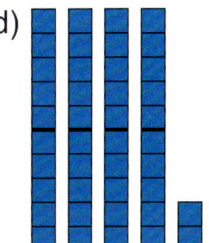

e)
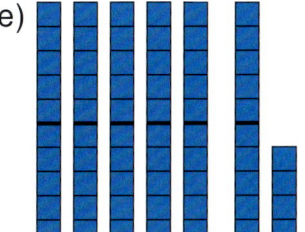

f)
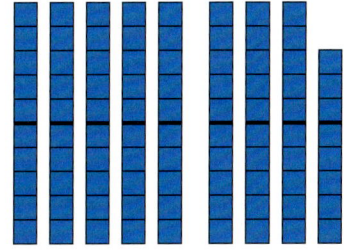

5 Halbiere.

a) 36   b) 54   c) 72   d) 58
e) 76   f) 94   g) 32   h) 98

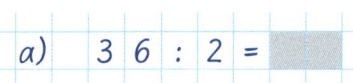

a)   3 6 : 2 =

10 mal ... – Tauschaufgaben

Es sind zehn 2er-Reihen. Ich rechne 10 mal 2.

Ich sehe zwei 10er-Reihen und rechne 2 mal 10.

$10 + 10 = 20$
$2 \cdot 10 = 20$

$2 + 2 + 2 + 2 + 2 + 2 + 2 + 2 + 2 + 2 = 20$
$10 \cdot 2 = 20$

das Malfeld

die Malaufgabe $10 \cdot 2$

die Tauschaufgabe $2 \cdot 10$

1 Wie rechnest du? Erkläre.

2 Legt die Malaufgaben $10 \cdot 3$, $10 \cdot 4$, $10 \cdot 5$, $10 \cdot 6$.

Zeichnet Malfelder und schreibt
Aufgabe und Tauschaufgabe dazu.

a) $10 \cdot 3 =$
    $3 \cdot 10 =$

3 Schreibe zu jedem Malfeld Aufgabe und Tauschaufgabe.

a) 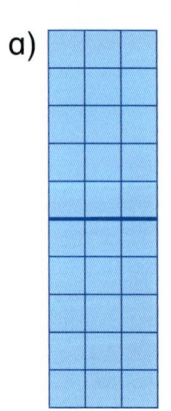 b) 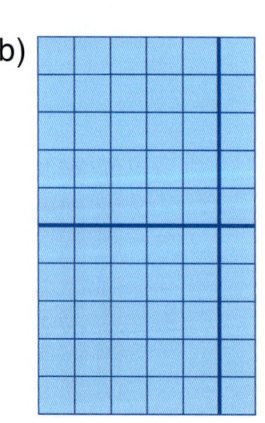 c) 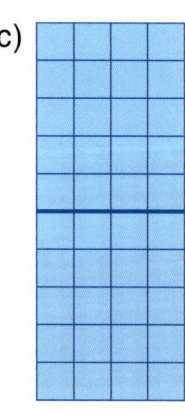 d)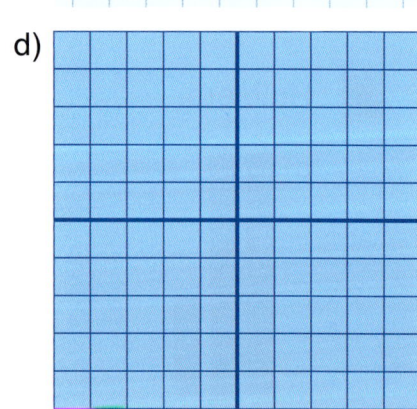

4 Zeichne das Malfeld.
Rechne Aufgabe und Tauschaufgabe.

a) $10 \cdot 1$ b) $10 \cdot 8$ c) $10 \cdot 2$
d) $10 \cdot 4$ e) $10 \cdot 5$ f) $10 \cdot 3$
g) $10 \cdot 6$ h) $10 \cdot 7$ i) $10 \cdot 9$

a)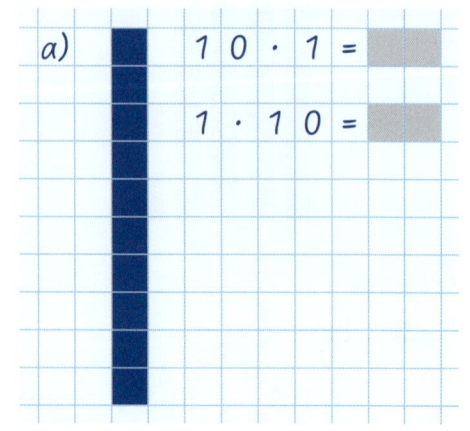
$10 \cdot 1 =$
$1 \cdot 10 =$

5 Schreibe die Malaufgabe und rechne.

a) Wie viele Ohren haben 10 Hunde?
b) Wie viele Pfoten haben 10 Katzen?

 6 Wie viele Kinder siehst du?

Wie viele Finger haben die Kinder insgesamt?

7 Wie viele Finger siehst du?

Schreibe die Malaufgabe und rechne.

a)

b)

c)

d)

8 Schreibe die Malaufgabe und rechne.

a)

Wie viele Finger haben 7 Kinder insgesamt?

b)

Wie viele Finger haben 3 Kinder insgesamt?

c)

Wie viele Finger haben 6 Mädchen insgesamt?

d)

Wie viele Finger haben die Hände von Justus und Jette insgesamt?

e)

Wie viele Finger haben 10 Jungen insgesamt?

9 Schreibe die Malaufgabe und rechne.

a) Wie viele Finger haben alle Personen deiner Familie insgesamt?

b) Wie viele Finger haben alle Kinder deiner Klasse insgesamt?

5 mal ... – die Hälfte von 10 mal ...

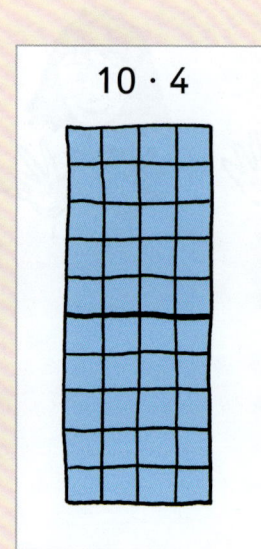

10 · 4

Die Hälfte von 10 mal 4.

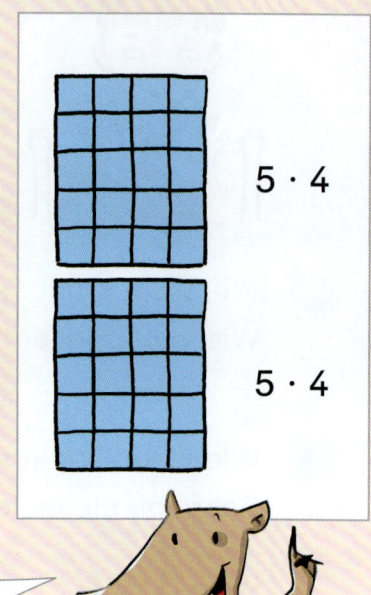

5 · 4

5 · 4

1 Wie halbiert Jette? Erkläre.
Was meint Fredo?

Das Ergebnis von 5 mal 4 ist halb so groß wie das Ergebnis von 10 mal 4.

2 Rechne beide Malaufgaben.

a) 10 · 4
   5 · 4

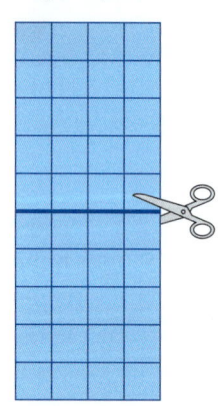

b) 10 · 3
   5 · 3

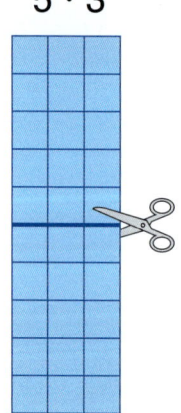

c) 10 · 6
   5 · 6

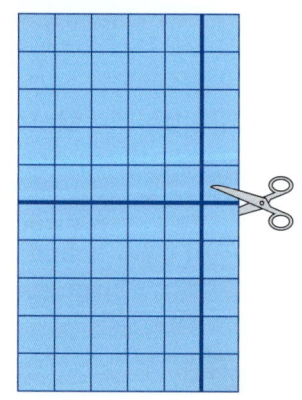

d) 10 ·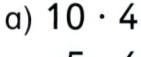
   5 ·

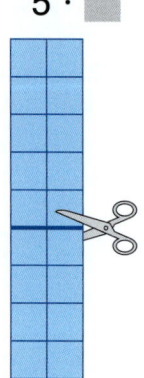

e) 10 ·
   5 ·

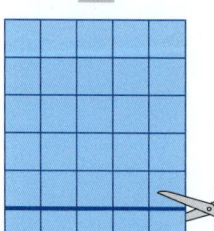

f) 10 ·
   5 ·

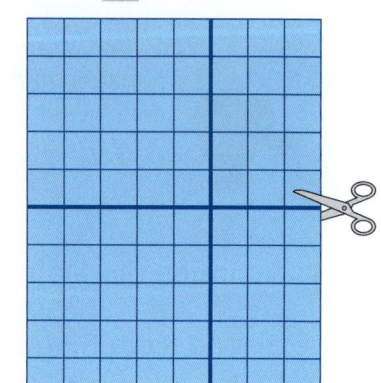

3 Rechne.

a) 10 · 3   b) 10 · 7   c) 10 · 9   d) 10 · 6   e) 10 · 10
    5 · 3   5 · 7   5 · 9   5 · 6   5 · 10

4 Rechne.

a) 2 · 10   b) 5 · 10   c) 8 · 10   d) 4 · 10   e) 1 · 10
    2 · 5   5 · 5   8 · 5   4 · 5   1 · 5

5 Rechne. Was fällt dir auf?

a) 4 · 10   b) 3 · 10   c) 1 · 10   d) 2 · 10   e) 5 · 10
    8 · 5   6 · 5   2 · 5   4 · 5   10 · 5

---

6 Wie viele Finger siehst du? Schreibe die Malaufgabe und rechne.

a)

b)

7 Wie viele Finger haben die Hände insgesamt?
Schreibe die Malaufgabe und rechne.

a) 3 Hände   b) 5 Hände   c) 7 Hände
d) 4 Hände   e) 10 Hände   f) 9 Hände?

8 Schreibe die Malaufgabe und rechne.

a)
Wie viele Finger haben die linken Hände von Justus, Jette, Ali und Kim zusammen?

b)
Wie viele Zehen haben die rechten Füße einer Fußballmannschaft?

c)
Wie viele Zehen haben die linken Füße aller Kinder deiner Klasse insgesamt?

Die Verdopplungsaufgaben helfen.

2·4 2·6 2·7 2·8 2·3

Diese Malaufgaben kann ich schon.

1 Was meint Jette? Erkläre.

2 Schreibe zu den Malaufgaben die Plusaufgaben.

2	·	4	=		+	

3 Schreibe zu den Malaufgaben die Plusaufgaben.

2 · 1   2 · 2   2 · 5   2 · 9   2 · 10

4 Rechne Malaufgabe und Tauschaufgabe.

a) 2 · 4
   4 · 2

b) 2 · 3
   ▢ · 2

c) 2 · 7
   ▢ · 2

d) 2 · 6
   ▢ · 2

e) 2 · 1
   ▢ · 2

f) 2 · 5
   ▢ · 2

g) 2 · 8
   ▢ · 2

h) 2 · 10
   ▢ · 2

i) 2 · 9
   ▢ · 2

j) 2 · 2
   ▢ · 2

5 Rechne. Was fällt dir bei den Ergebnissen der Aufgabenpaare auf?

a) 1 · 2
   2 · 2

b) 2 · 2
   4 · 2

c) 3 · 2
   6 · 2

d) 4 · 2
   8 · 2

e) 5 · 2
   10 · 2

6 Schreibe die Malaufgabe und rechne.

a)
Wie viele Füße haben 6 Hühner?

b)
Wie viele Flügel haben 5 Tauben?

c)
Wie viele Ohren haben 3 Kinder?

d)
Wie viele Augen haben 7 Kinder?

1 · 1	2 · 1	10 · 1	5 · ▢
1 · 2	2 · 2	10 · ▢	5 · ▢
1 · 3	2 · ▢	10 · ▢	5 · ▢
1 · 4	2 · ▢	10 · ▢	5 · ▢
1 · 5	2 · 5	10 · ▢	5 · ▢
1 · 6	2 · ▢	10 · ▢	5 · ▢
1 · 7	2 · ▢	10 · ▢	5 · ▢
1 · 8	2 · ▢	10 · ▢	5 · ▢
1 · 9	2 · ▢	10 · ▢	5 · ▢
1 · 10	2 · 10	10 · 10	5 · 10

> Die Kernaufgaben lerne ich auswendig.

 1 Diese Aufgaben kannst du schon. Wir nennen sie Kernaufgaben.
Schreibe sie auf und rechne.

2 Schreibe die Malaufgabe und die Tauschaufgabe. Rechne.

a) 2 · 7   b) 2 · 9   c) 10 · 8   d) 5 · 4   e) 5 · 6
   7 · 2   9 · 2   ▢ · ▢   ▢ · ▢   ▢ · ▢

3 Schreibe zu allen Aufgaben mit   5 · ▢   die Tauschaufgaben auf.

4 Rechne.

a) 2 · ▢ = 14   b) 10 · ▢ = 50   c) 5 · ▢ = 25   d) 10 · ▢ = 30
   2 · ▢ = 18   10 · ▢ = 90   5 · ▢ = 30   5 · ▢ = 20
   2 · ▢ = 10   10 · ▢ = 60   5 · ▢ = 45   2 · ▢ = 12
   2 · ▢ = 16   10 · ▢ = 20   5 · ▢ = 15   5 · ▢ = 40

5 Zu welchen Kernaufgaben gehören diese Ergebnisse?
Finde zu jedem Ergebnis zwei Aufgaben.

a) 30   b) 6   c) 40   d) 20   e) 8

6 Schreibe die 40 Kernaufgaben von
Aufgabe 1 auf einzelne Kärtchen.
Schreibe die Ergebnisse auf die Rückseite.

 Übt wie Jette und Justus.

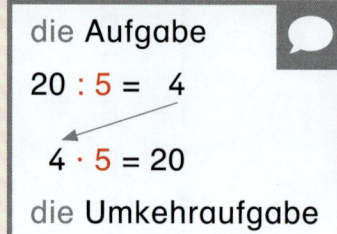

die Aufgabe

$20 : 5 = 4$

$4 \cdot 5 = 20$

die Umkehraufgabe

20 : 5 = ▢

▢ · 5 = 20

1 Erzähle. Was meint Justus?

2 Baue mit deinen Würfeln. Wie viele Türme kannst du bauen?

a) Mit 15 Würfeln: immer 5er-Türme

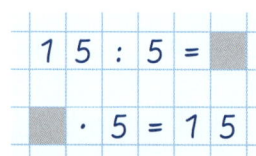

b) Mit 8 Würfeln: immer 2er-Türme

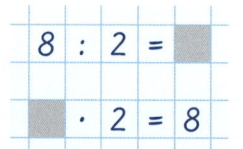

c) Mit 20 Würfeln: immer 10er-Türme

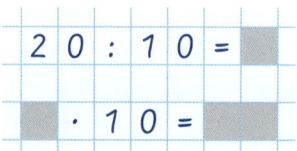

3 Wie viele Türme kann man bauen?

a) Mit 25 Würfeln: immer 5er-Türme

b) Mit 10 Würfeln: immer 2er-Türme

c) Mit 30 Würfeln: immer 10er-Türme

d) Mit 35 Würfeln: immer 5er-Türme

e) Mit 16 Würfeln: immer 2er-Türme

f) Mit 60 Würfeln: immer 10er-Türme

4 Aufgabe und Umkehraufgabe: Schreibe die Aufgabenpaare auf.

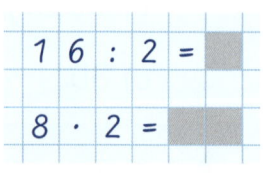

5 Rechne. Nutze die Umkehraufgabe.

a) ▢ : 5 = 9   b) ▢ : 2 = 7   c) ▢ : 5 = 6   d) ▢ : 2 = 8

2 6 12   5 3 15

2 · 6 = 12   5 · 3 = 15
6 · 2 = 12   3 ·
12 : 6 = 2
12 : 2 = 6

Ich rechne zuerst
die Tauschaufgabe.

 1 Welche Aufgaben muss Jette noch
aufschreiben?

die Aufgabe
die Tauschaufgabe
die Umkehraufgaben

2 Bilde mit 3 Zahlen 4 Aufgaben.

a) 2 9 18   b) 6 10 60   c) 5 20 4   d) 30 6 5

3 Wie heißt die dritte Zahl? Schreibe die 4 Aufgaben auf.

a) 2 5 ?   b) ? 5 40   c) 2 14 ?   d) 70 10 ?

e) 6 5 ?   f) ? 10 90   g) 2 12 ?   h) 60 ? 6

i) 18 ? 2   j) 5 ? 25

4 Das faule Ei: Jeweils eine Karte passt nicht.
Schreibe zu den 3 passenden Zahlen eine Rechenaufgabe.

a) 5 30 6 35   b) 2 16 8 9

a)   5 · 6 =

c) 50 10 3 5   d) 6 5 35 7

oder

e) 45 9 5 8   f) 5 4 10 2

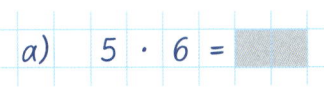
a)   3 0 : 5 =

5 Wie heißen die fehlenden Zahlen? Manchmal gibt es mehrere Möglichkeiten.
Schreibe jeweils die 4 Aufgaben auf.

a) 20 ? ?   b) ? 12 ?   c) ? ? 40   d) ? 45 ?

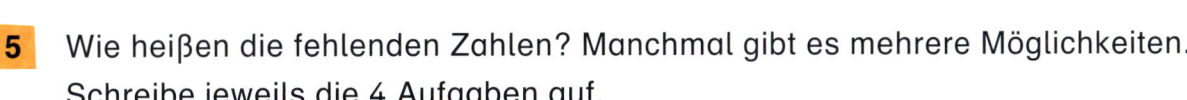 3 Zahlen – 4 Aufgaben: Finde selbst Beispiele.

Muster legen und zeichnen

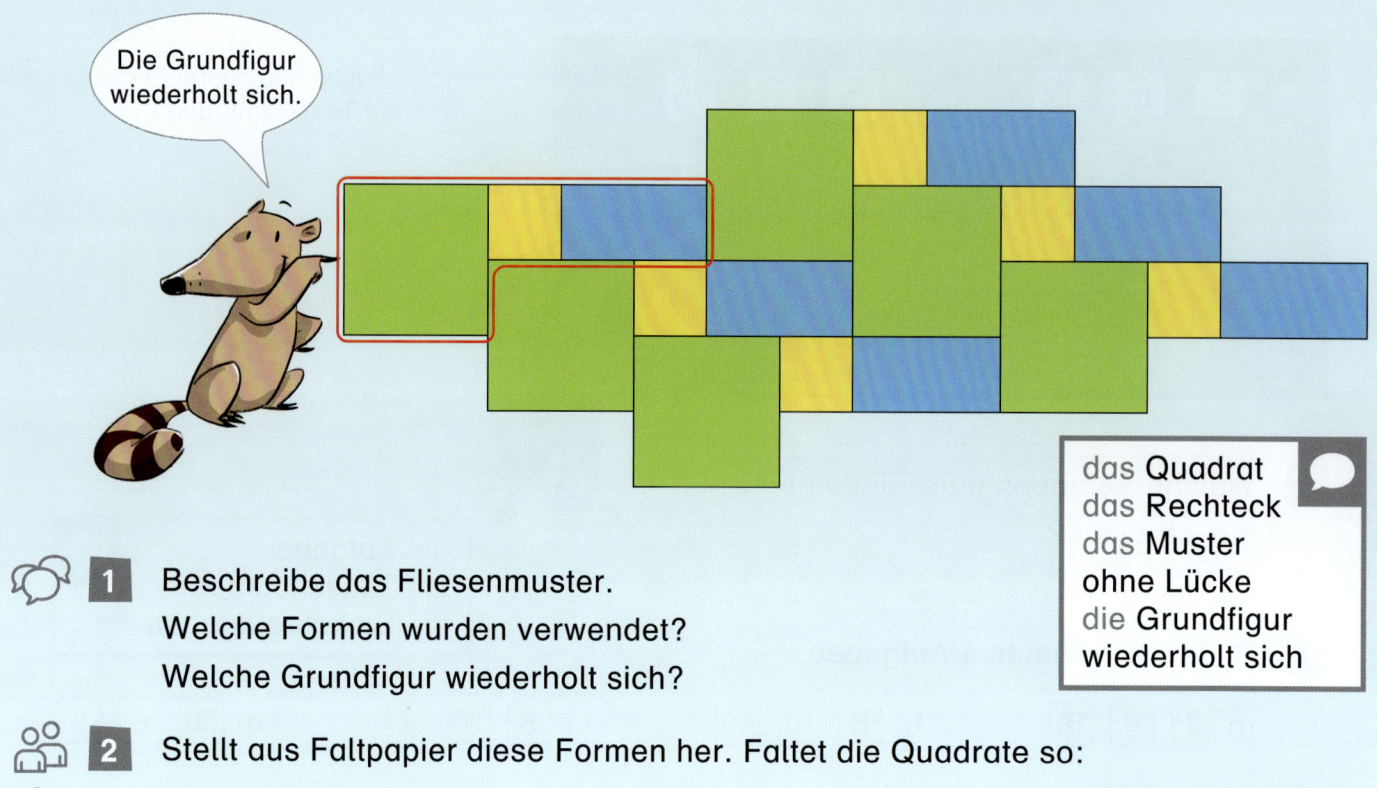

Die Grundfigur wiederholt sich.

das Quadrat
das Rechteck
das Muster
ohne Lücke
die Grundfigur
wiederholt sich

1 Beschreibe das Fliesenmuster.
Welche Formen wurden verwendet?
Welche Grundfigur wiederholt sich?

2 Stellt aus Faltpapier diese Formen her. Faltet die Quadrate so:

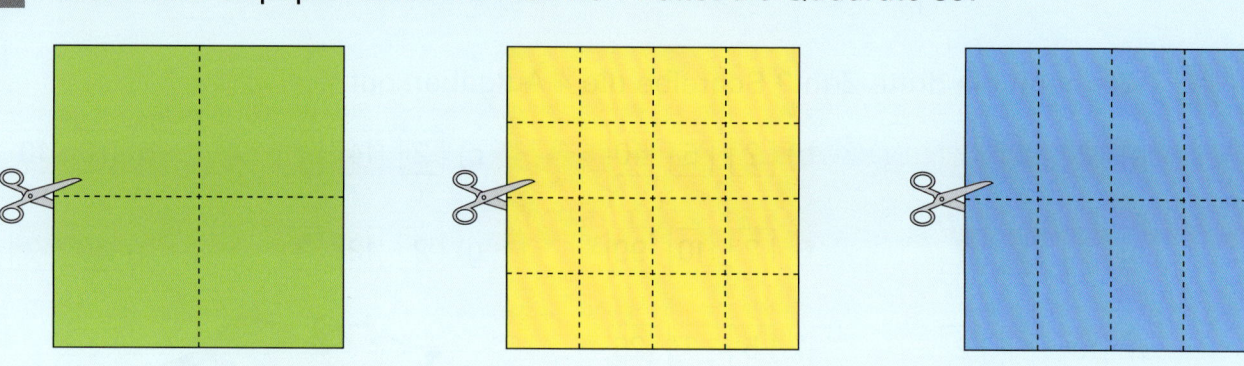

3 Legt das Muster nach und setzt es fort. Worauf müsst ihr achten?

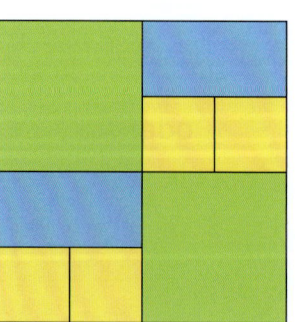

4 Legt das Muster nach und setzt es fort. Worauf müsst ihr achten?

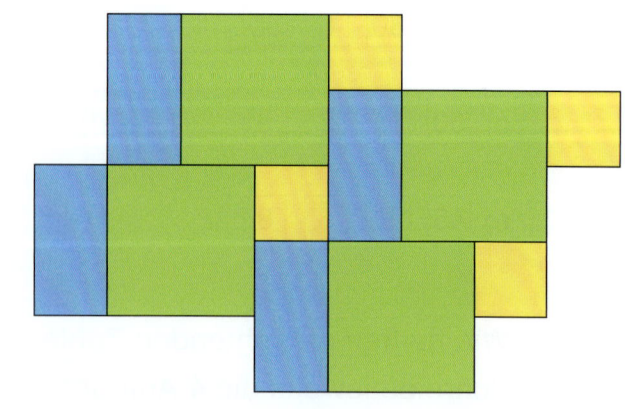

5 Fotografiere Fliesenmuster. Markiere auf dem Foto die Grundfigur.

Lege eigene Muster.

Aufgabe 5 (*Produzieren und Präsentieren*)

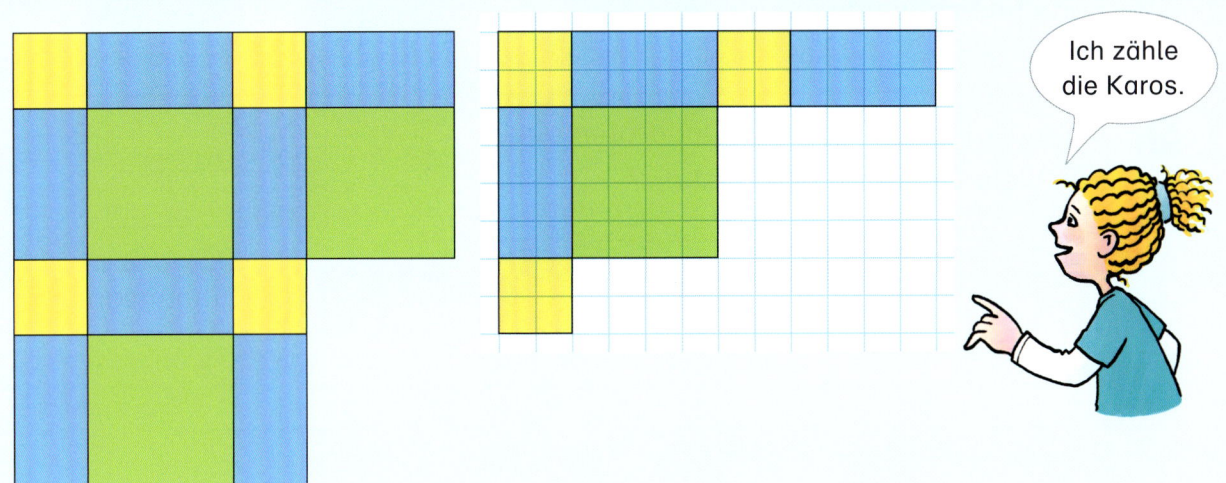

6 a) Jette zeichnet das Muster auf Karopapier. Wie ist sie dabei vorgegangen?

b) Zeichne das Muster und setze es fort.

7 Suche ein Muster aus. Zeichne es und setze es fort.

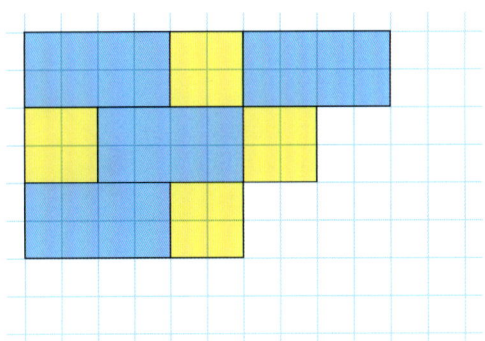

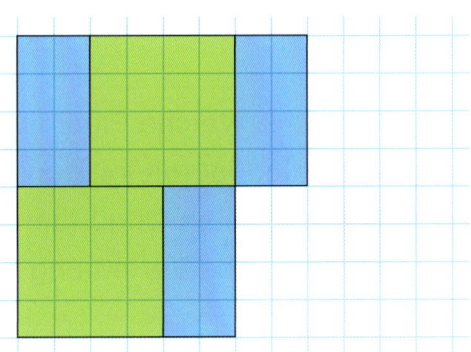

8 Zeichne das Muster und setze es fort.

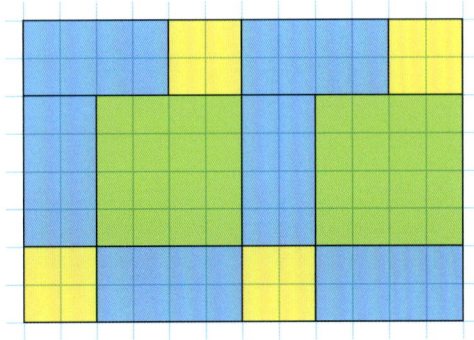

9 Zeichne das Muster und setze es fort.

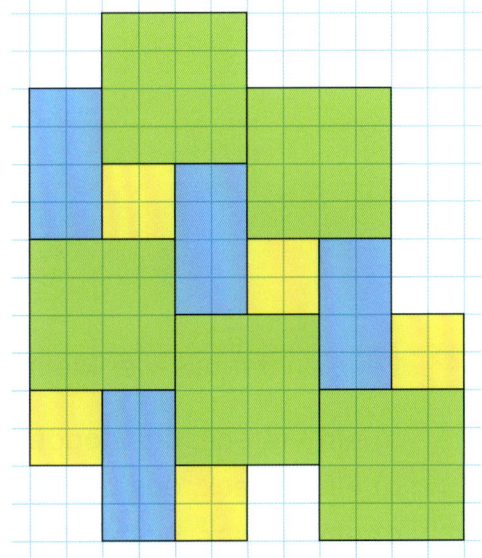

Lege und zeichne eigene Muster.

Figuren auslegen

✂ **1** Falte und schneide Quadrate.

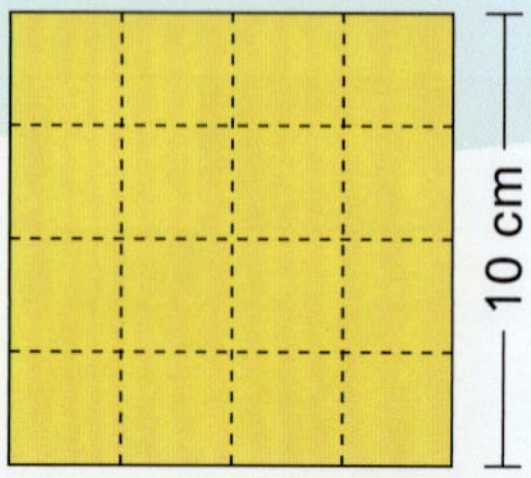

 2 Lege die Figur mit deinen Quadraten aus.
Wie viele Quadrate brauchst du?

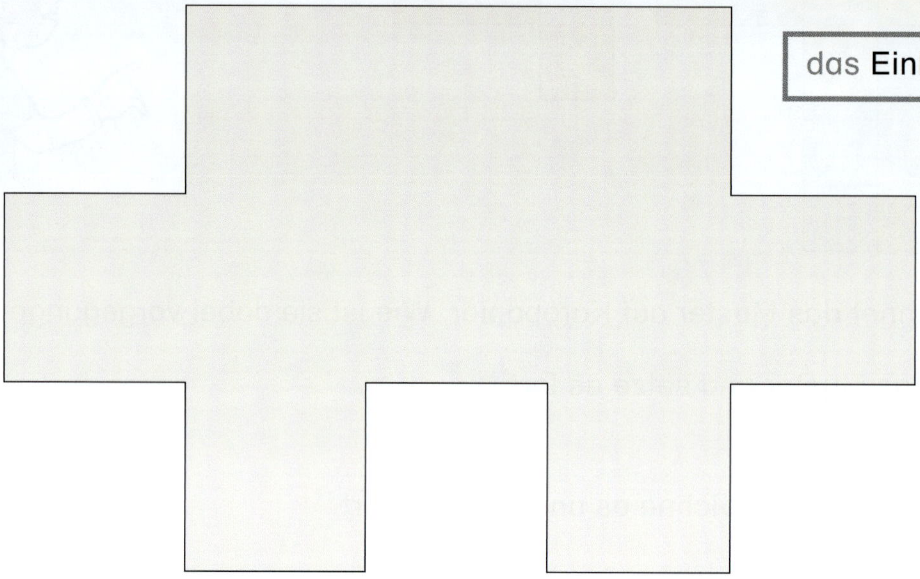

10 cm

das Einheitsquadrat

3 Vermute: Welche Figur ist am größten?
Lege die Figuren mit den Quadraten nach.
Aus wie vielen Quadraten bestehen sie?
Stimmt deine Vermutung?

Die abgebildeten Figuren sind kleiner als die Figuren, die du legst.

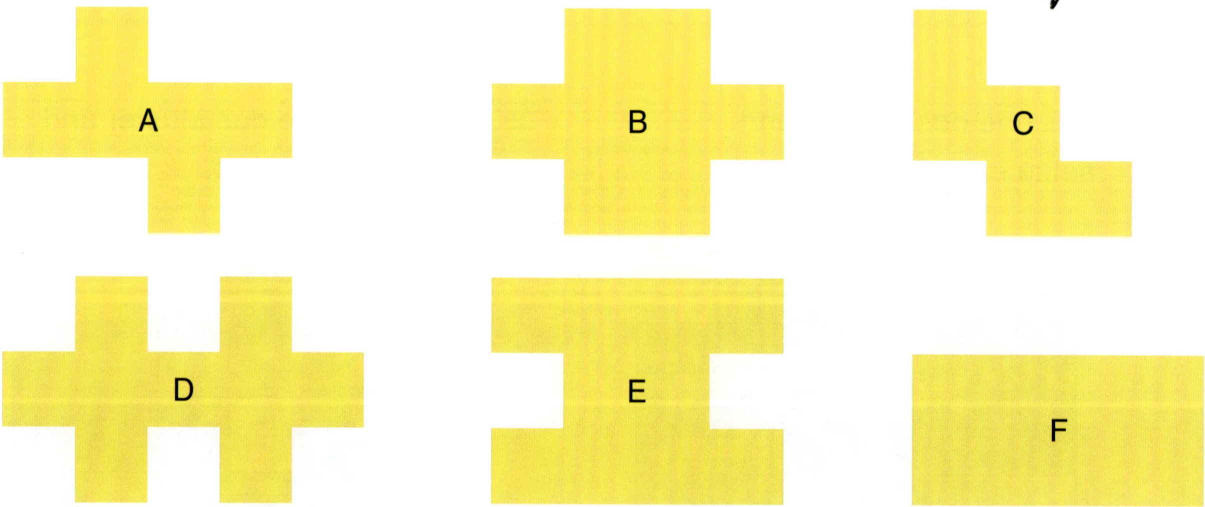

A

B

C

D

E

F

4 Lege zuerst aus vier kleinen Quadraten ein großes Quadrat. Lege dann …

a) ein Viereck, das doppelt so groß ist.
b) ein Viereck, das halb so groß ist.
c) ein Viereck, das viermal so groß ist.

5 Falte und schneide Dreiecke. Wie gehst du vor?

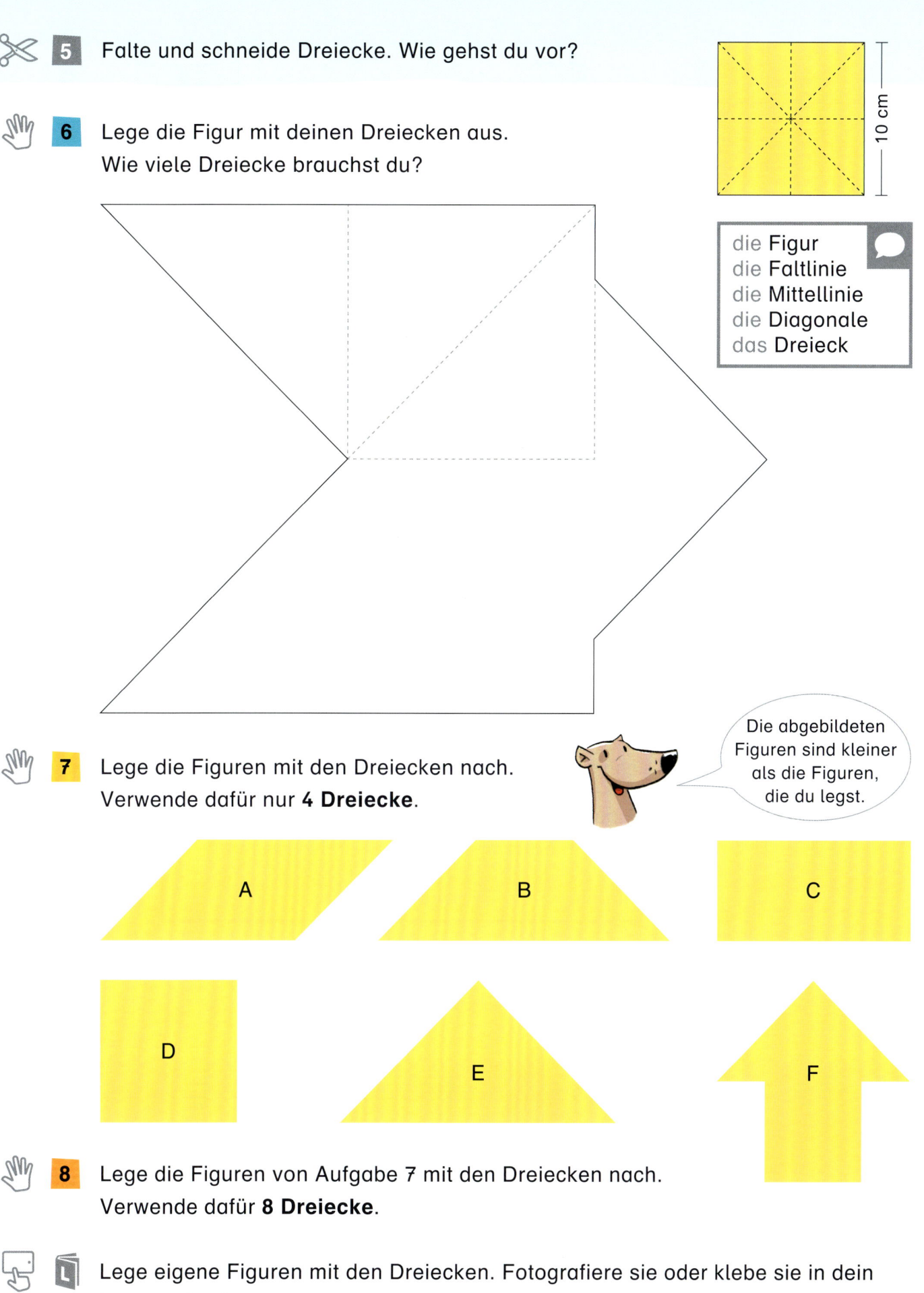

6 Lege die Figur mit deinen Dreiecken aus.
Wie viele Dreiecke brauchst du?

10 cm

die **Figur**
die **Faltlinie**
die **Mittellinie**
die **Diagonale**
das **Dreieck**

7 Lege die Figuren mit den Dreiecken nach.
Verwende dafür nur **4 Dreiecke**.

Die abgebildeten Figuren sind kleiner als die Figuren, die du legst.

A   B   C

D   E   F

8 Lege die Figuren von Aufgabe 7 mit den Dreiecken nach.
Verwende dafür **8 Dreiecke**.

Lege eigene Figuren mit den Dreiecken. Fotografiere sie oder klebe sie in dein Lerntagebuch.

Lerntagebuch (*Produzieren und Präsentieren*)

Faltschnitte

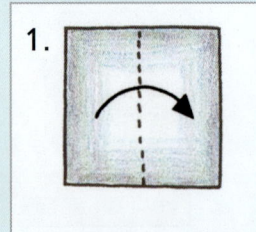 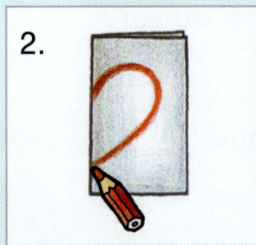 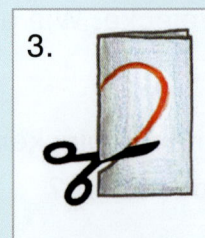 

 1 So kannst du einen Faltschnitt herstellen. Beschreibe.

 2 a) Welche Figuren entstehen hier? Zeichne auf. Probiere aus.

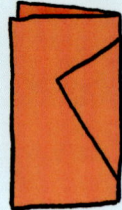 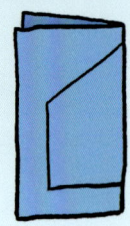  

> die **Faltlinie**
> der **Faltschnitt**
> der **Umriss**

b) Stelle eigene Figuren durch Faltschnitte her.

> Faltschnitte sind **achsensymmetrisch**.
>
> Eine Figur ist achsensymmetrisch, wenn die beiden Hälften beim Falten genau aufeinanderpassen.
>
> Die Faltlinie ist die **Symmetrieachse**.

3 Welche Figuren sind durch einen Faltschnitt entstanden?

A  B  C 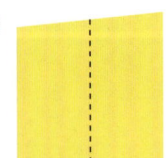 D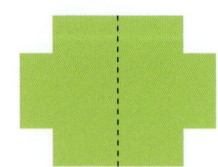

E  F  G 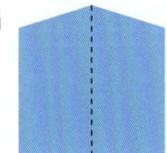 H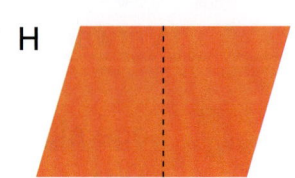

4 Welche Figuren sind **nicht** durch einen Faltschnitt entstanden? Begründe.

A    B 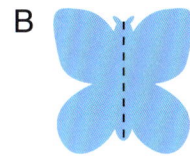   C 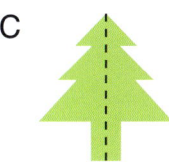   D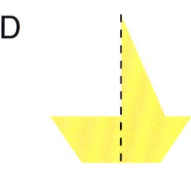

E   F 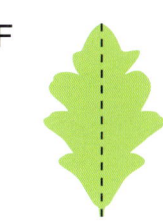   G 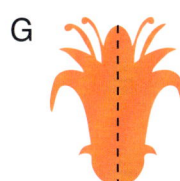   H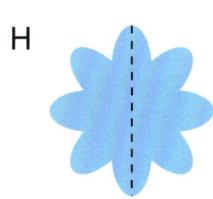

5 Welche Figur ist durch den Faltschnitt entstanden?

a) 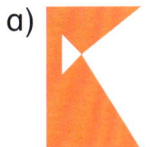   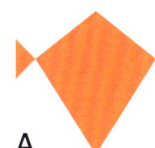    
         A   B   C

b) 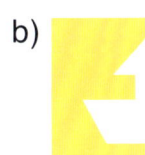   A 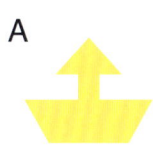   B    C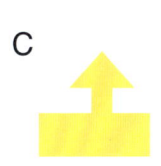

c)    A    B    C

6 Welche Figur entsteht durch den Faltschnitt? Zeichne sie.

a) 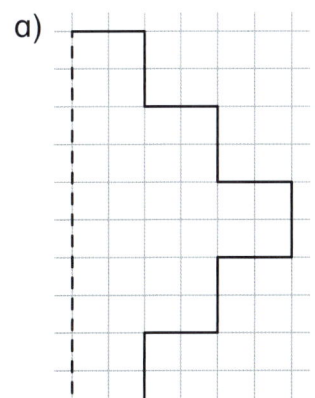   b) 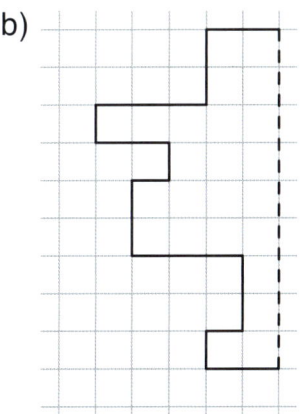   c)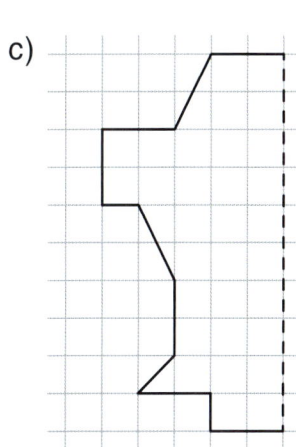

 1 Was ist hier seltsam? Erzähle.

die Symmetrieachse
achsensymmetrisch
nicht achsensymmetrisch

 2 Lege den Spiegel im oberen Bild so an, dass diese Bilder entstehen.

 3 Finde mithilfe des Spiegels:

- Fredo ohne Schwert – Fredo mit zwei Schwertern
- ein lachendes Gespenst – ein trauriges Gespenst
- einen wachen Uhu – einen schlafenden Uhu
- einen Vollmond

4 Sind alle Bilder achsensymmetrisch? Finde es mithilfe des Spiegels heraus.

5 a) Welche Buchstaben haben eine Symmetrieachse?

Einer dieser Buchstaben hat zwei Symmetrieachsen.

FREDO

 b) Untersuche die Buchstaben in deinem Namen.
Welche sind achsensymmetrisch?

 Suche nach Gegenständen, die achsensymmetrisch sind.
Mache Fotos davon.
Schaut euch die Fotos gemeinsam an.

Sind die Dinge wirklich achsensymmetrisch?

Aufgabe 5b, Lerntagebuch (*Produzieren und Präsentieren, Suchen und Verarbeiten*)

Geobrett – Figuren spannen

das Geobrett
das Punktefeld
die Form
spannen
zerlegen

 1 a) Erfinde eigene Figuren und spanne sie auf deinem Geobrett.

 b) Wähle zwei Figuren aus und zeichne sie auf ein Punktefeld.
Ein Partnerkind spannt sie nach.

So kannst du im Heft ein Punktefeld zeichnen:

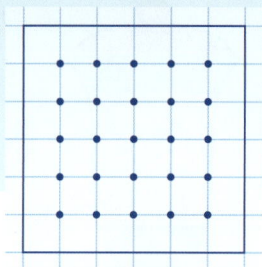

 2 Jette und Justus haben diese Figuren gespannt. Spanne sie nach.

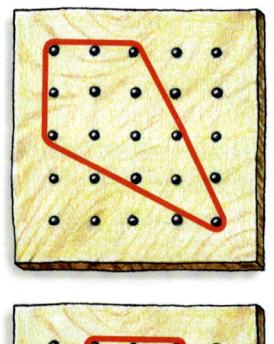 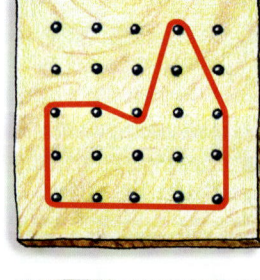 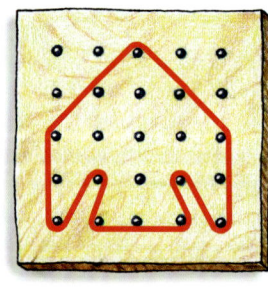 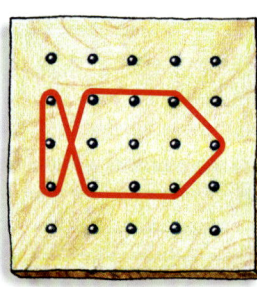

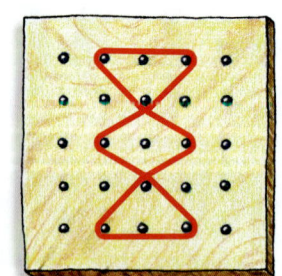 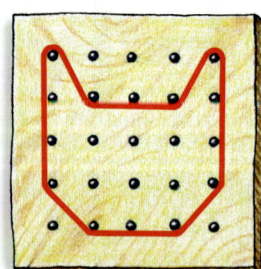 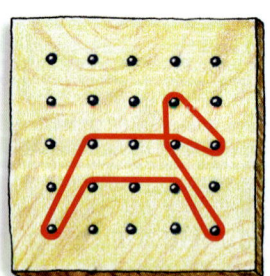 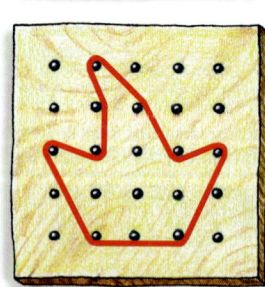

  3 Spanne diese Figuren auf dem Geobrett. Zeichne deine Lösung auf ein Punktefeld.

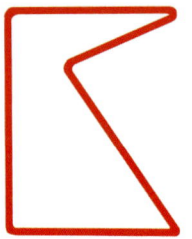 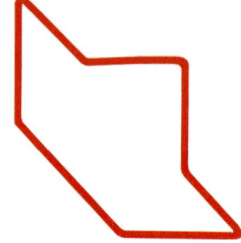 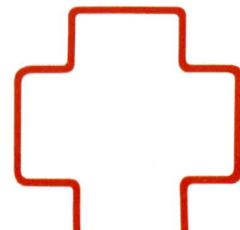 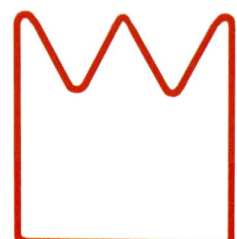

1 Wie heißen diese Formen? Spanne sie nach.

a) 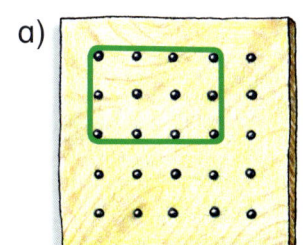   b) 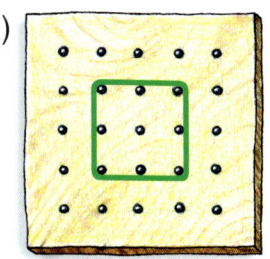   c)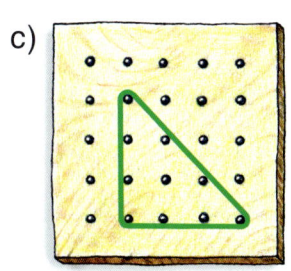

Spanne doch mal einen Kreis!

  2 Spanne diese Dreiecke nach.

a) 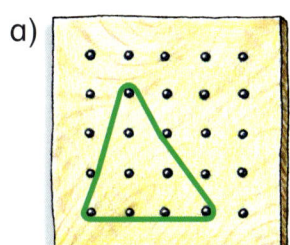   b) 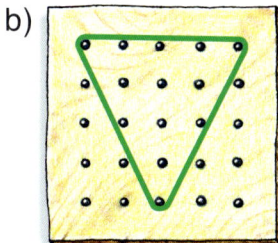   c) 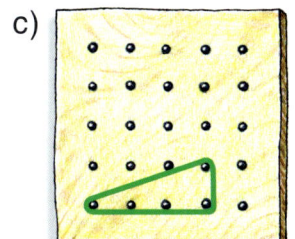   d)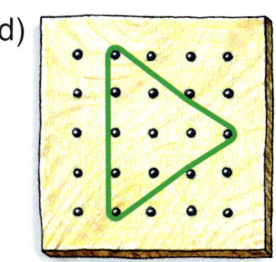

Finde noch weitere Dreiecke. Zeichne sie auf ein Punktefeld.

 3 Formen zerlegen

Aus einem Rechteck werden zwei Quadrate: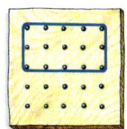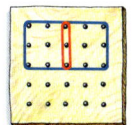

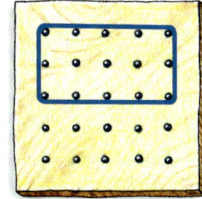

a) Zerlege in 2 Rechtecke.

   … in 4 Rechtecke.

Wie viele rote Gummiringe brauchst du jeweils?

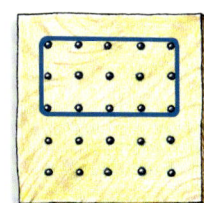

b) Zerlege in 2 Dreiecke.

   … in 4 Dreiecke.

  4 Zerlege in Dreiecke. Zeichne deine Lösung auf ein Punktefeld.

a) in 8    b) in 4    c) in 6    d) in ▢    e) in ▢ ◺

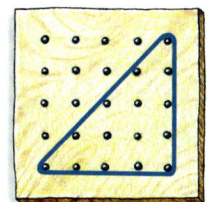   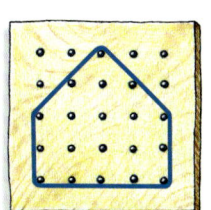   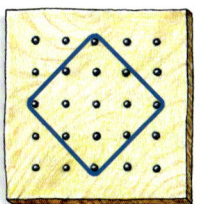   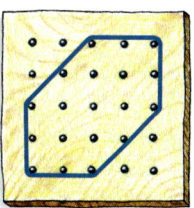

 1 a) Was machen Justus und Jette?
Erzähle.

 b) Spannt Figuren wie Justus und Jette.

> die **Symmetrieachse**
> die **Figur**
> das **Spiegelbild**
> **achsensymmetrisch**

 2 Spanne Figuren wie Justus und Jette. Worauf musst du achten?

A 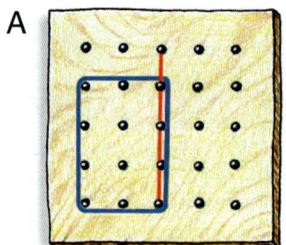 B 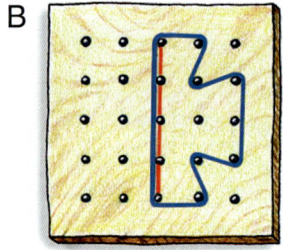 C 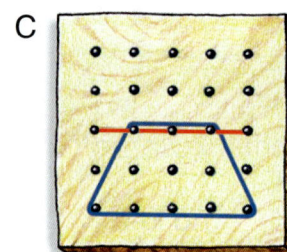 D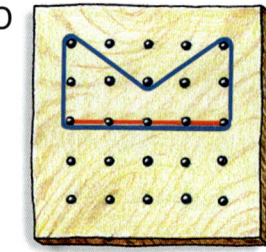

3 Spanne Figuren wie Justus und Jette. Worauf musst du achten?

A 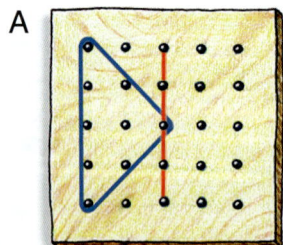 B 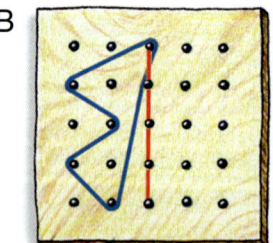 C 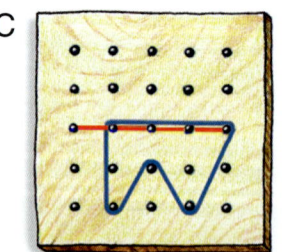 D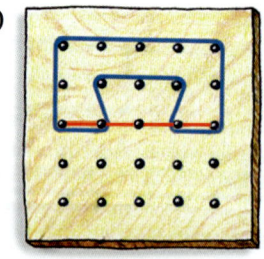

4 Spanne eigene achsensymmetrische Figuren.
Übertrage das fertige Bild auf ein Punktefeld.
Zeichne die Symmetrieachse ein.
Überprüfe mit dem Spiegel.

> So kannst du kontrollieren: Setze den Spiegel auf die Symmetrieachse.

Anregung: Die Arbeit mit dem Geobrett am Computer/Tablet fortsetzen (*Problemlösen und Handeln*)

5 Vorsicht Fehler!

Spanne nach und verändere die Figuren so, dass sie achsensymmetrisch sind.
Zeichne deine Lösungen auf ein Punktefeld.

A 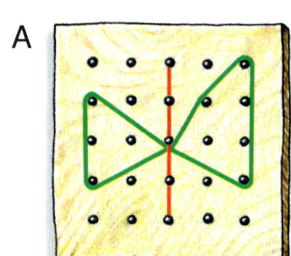 B 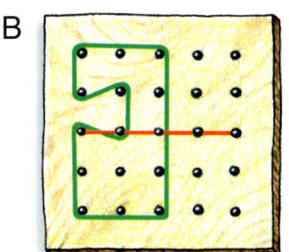 C 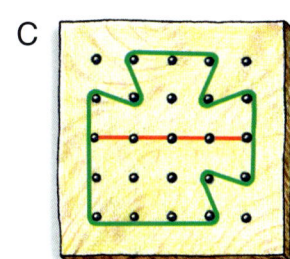 D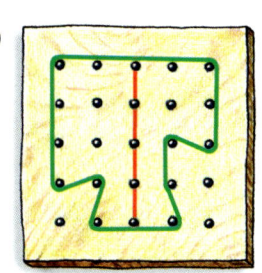

6 Vorsicht Fehler!

Spanne nach und verändere die Figuren so, dass sie achsensymmetrisch sind.
Zeichne deine Lösungen auf ein Punktefeld.

A 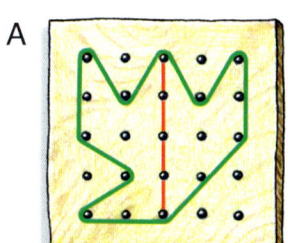 B 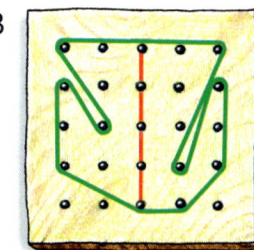 C 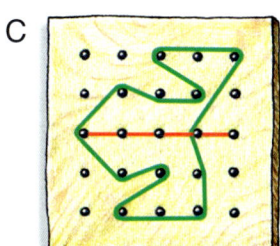 D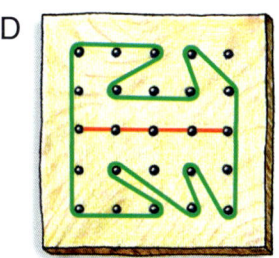

7 Zeichne die Figur und die Spiegelachse ins Heft.
Ergänze die Figur achsensymmetrisch.

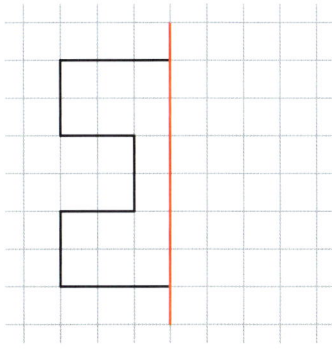 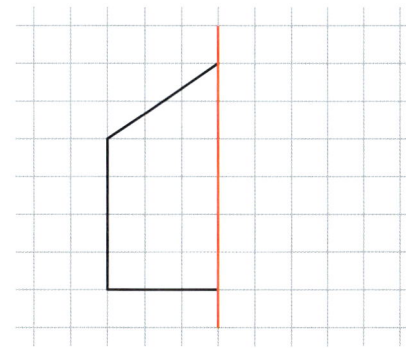 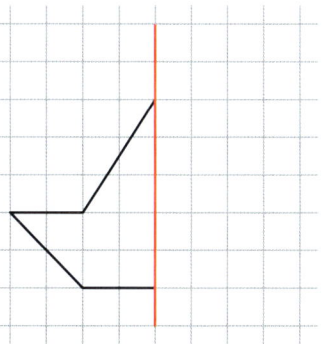

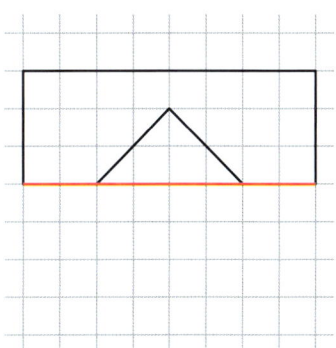 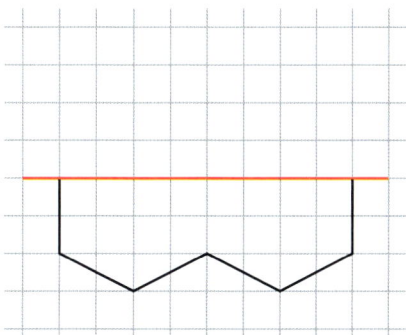 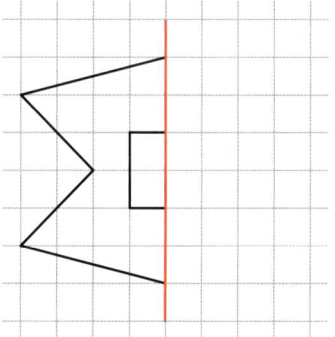

113

Messen mit dem Metermaß

Der Puma springt 15 Meter weit!

Was? So weit?

SO WEIT KÖNNEN TIERE SPRINGEN

2 m · 6 m · 4 m · 12 m · 15 m

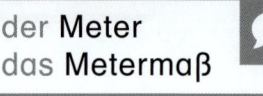

der Meter
das Metermaß

1 Beantworte die Fragen.

Das muss ich abmessen. Ich will sehen, wie weit das ist.

a) Welches Tier springt am weitesten?

b) Welches Tier springt am wenigsten weit?

c) Welche Tiere springen weiter als der Löwe?

d) Welches Tier springt doppelt so weit wie ein anderes Tier?

e) Welche Tiere springen weniger weit als der Puma?

2 a) Erstellt ein Metermaß.

b) Messt die Sprungweiten
der Tiere mit dem Metermaß
auf dem Schulhof ab.
Zeichnet sie mit Kreide auf.

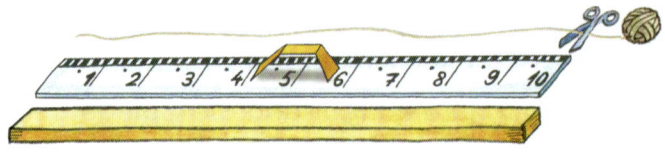

So weit springt der Frosch.

3 Ali behauptet, er springt ohne Anlauf 3 Meter weit. Kann das sein?
Wie weit springst du ohne Anlauf?

Suche in deiner Umgebung nach Gegenständen, die einen Meter lang sind.

Anregung: Sprungweiten weiterer Tiere recherchieren (*Suchen und Verarbeiten*)

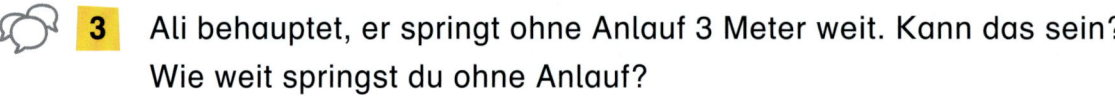

Messen mit Körpermaßen

 1 Welches Problem haben die Kinder?

2 Legt eine Startlinie fest. Macht fünf Schritte und markiert den Endpunkt. Was stellt ihr fest?

3 Das sind Körpermaße:

Armspanne   Schritt   Fuß   Handspanne   Daumen-breite

 a) Lege ein Metermaß auf den Boden.
Wie viele Füße, Handbreiten … brauchst du jeweils für einen Meter?
Notiere deine Ergebnisse.

Keine Lücke lassen!

b) Vergleicht eure Ergebnisse in der Gruppe. Was fällt euch auf? Erklärt.

4 Wie können die Kinder auf dem Bild ihr Problem mit dem Tor lösen,
wenn sie kein Metermaß haben? Was schlägst du vor?

5 Justus braucht von der Torlinie bis zum Elfmeterpunkt 18 Schritte,
Jette braucht dagegen 22 Schritte. Wer macht größere Schritte? Erkläre.

Längen messen

1 cm

|‾ 0   1   2   3   4   5   6   7   8   9   10 ‾|

> die **Länge**
> die **Strecke**
> der **Anfangspunkt**
> der **Endpunkt**

1 Was kannst du auf deinem Lineal alles ablesen?
Worauf musst du beim Messen achten? Erzähle.

> 1 cm heißt
> 1 Zentimeter.

2 Wie lang sind die Strecken?

| 1 cm | 2 cm | 5 cm | 9 cm | 10 cm |

a) ├───────┤

b) ├────────────┤

c) ├──┤

d) ├─────────────────────┤

e) ├──────────────────────┤

> **!** Eine Strecke ist eine gerade Linie mit einem Anfangspunkt und einem Endpunkt.
>
> Lege beim Messen das Lineal immer mit der 0 am Anfangspunkt an.

3 Wie lang sind die Strecken? Schätze zuerst, miss dann genau.

a) ├────────────────────────┤

b) ├──────────────┤

c) ├──────────────────┤

d) ├────────┤

e) ├───────────────────────────┤

> a) geschätzt: ▨ cm
>
> gemessen: ▨ cm

4 a) Welche Raupe hat den kürzesten Weg zum Salat?
Schätze zuerst, miss dann genau.

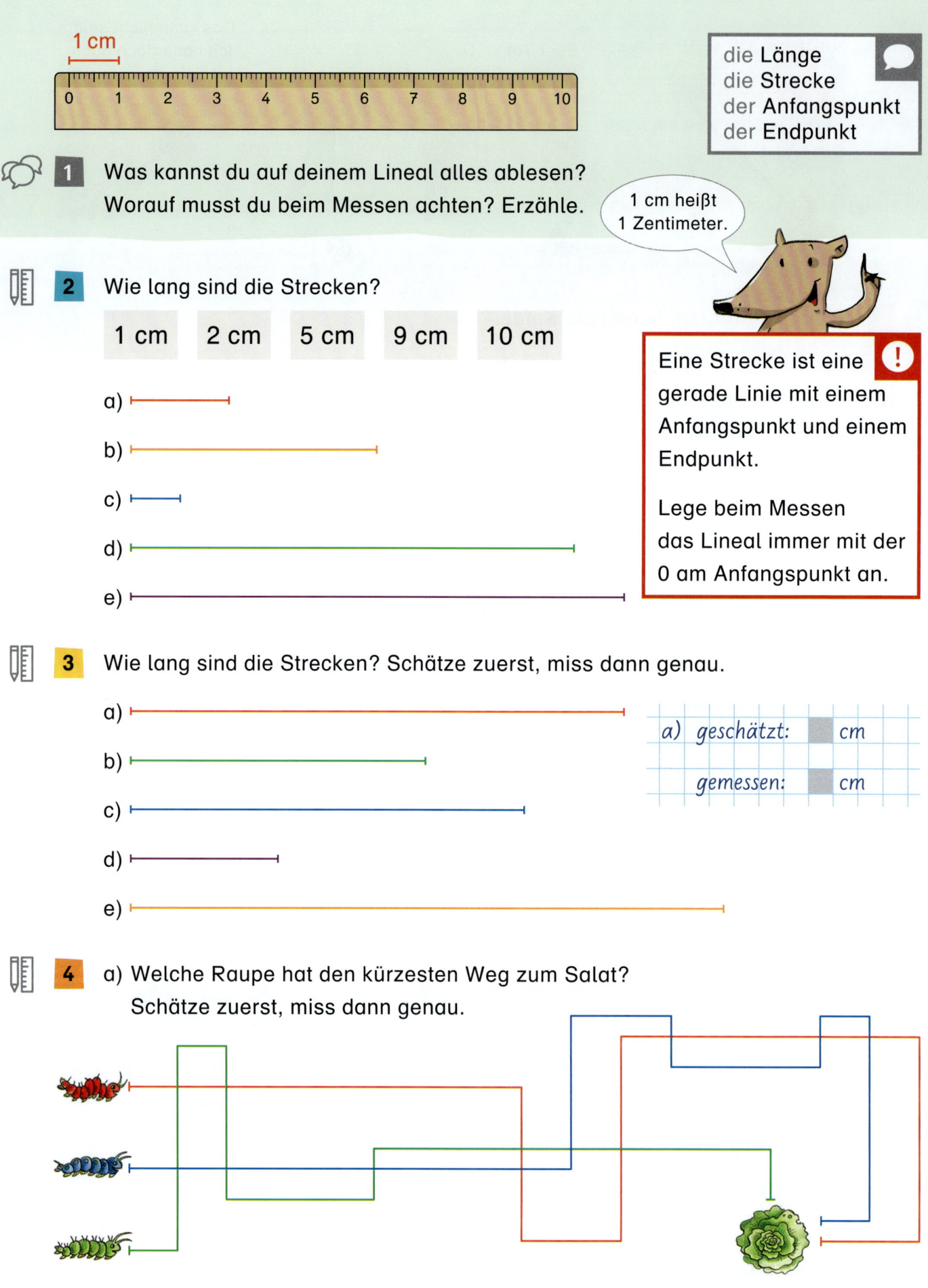

b) Zeichne selbst Raupenwege mit der Gesamtstrecke 10 cm, 15 cm, 20 cm.

Strecken zeichnen

So zeichnest du eine Strecke:

 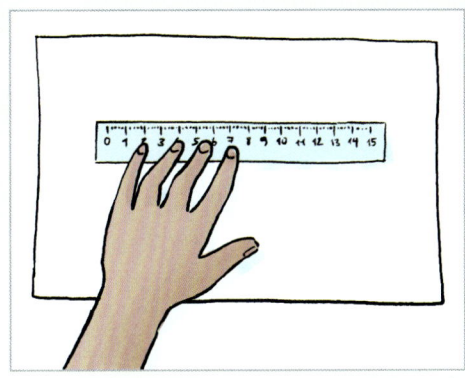 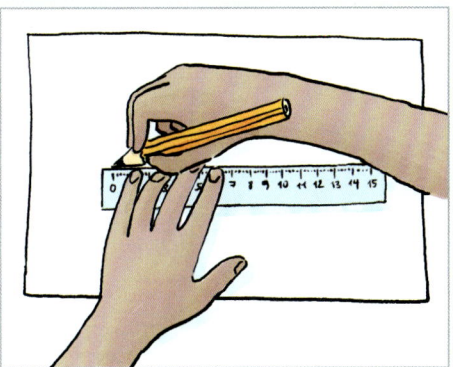

 1 Worauf musst du beim Zeichnen achten? Erkläre.

 2 Die Kinder sollten eine Strecke von 5 cm zeichnen.
Was haben sie nicht beachtet?

Es wurde nicht richtig gemessen.

a) ├────────────┤

Das Lineal wurde nicht richtig festgehalten.

b) ├────────────┤

c) ├────────────┤

Der Anfangspunkt und der Endpunkt fehlen.

Der Bleistift war nicht angespitzt.

d) ──────────────

3 Zeichne die Strecken in dein Heft.

a) 2 cm   b) 5 cm   c) 3 cm   d) 12 cm
e) 10 cm   f) 13 cm   g) 8 cm   h) 7 cm

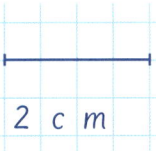

4 Zeichne in dein Heft.

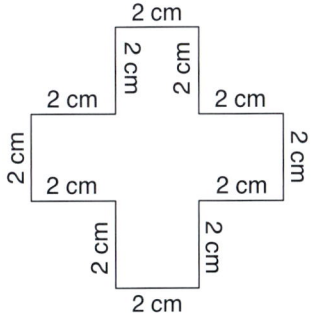 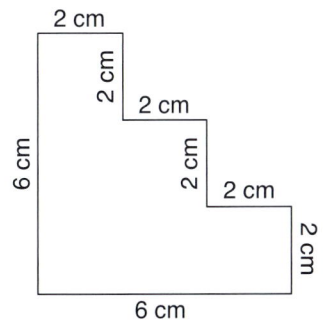 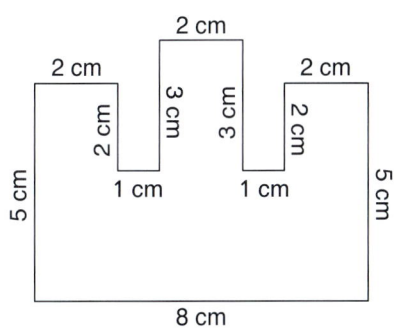

Suche im Klassenraum Gegenstände, die 5 cm lang sind.

Meter und Zentimeter

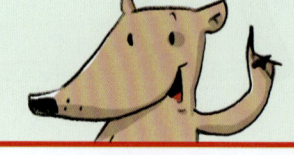
größer als
kleiner als

1 Messt in der Klasse eure Körpergrößen
und tragt die Ergebnisse in eine Tabelle ein.

 1 Meter = 100 Zentimeter
1 m = 100 cm

2 Ordne die Körpergrößen.
Beginne mit dem kleinsten Kind.

$1\ m\ 1\ 7\ c\ m <$ ▢

| 1 m 36 cm | 1 m 28 cm | 1 m 17 cm | 1 m 42 cm | 1 m 34 cm |

3 Tobi ist 1 m 38 cm groß. Noemi ist 6 cm kleiner als Tobi. Wie groß ist Noemi?

4 Jette ist 1 m 32 cm groß. Fabian ist 5 cm kleiner als Jette.
Justus ist 3 cm größer als Jette. Ali ist 7 cm kleiner als Justus.

a) Wie groß sind die Kinder?
b) Wie viele cm ist Fabian kleiner als Justus?
c) Wie viele cm ist Ali kleiner als Jette?

Denke dir selbst Rätsel wie bei den Aufgaben 3 und 4 aus.

5 Immer 1 Meter: Ergänze.

a) 50 cm + ▢ cm = 100 cm   b) 25 cm + ▢ cm = 100 cm
   10 cm + ▢ cm = 100 cm   55 cm + ▢ cm = 100 cm
   30 cm + ▢ cm = 100 cm   85 cm + ▢ cm = 100 cm
   80 cm + ▢ cm = 100 cm   45 cm + ▢ cm = 100 cm

6 Immer 1 Meter: Ergänze.

a) $8\ 9\ c\ m +$ ▢ $c\ m = 1\ 0\ 0\ c\ m$

a) 89 cm   b) 78 cm   c) 93 cm   d) 66 cm
e) 37 cm   f) 12 cm   g) 6 cm   h) 41 cm

7 Mein Körperlineal:

a) Bestimme an deinem Körper den 1-m-Punkt.

b) Wo findest du an deiner Hand 1 cm und 10 cm?

c) Finde andere wichtige Längen an deinem Körperlineal.

8 Wie groß sind diese Dinge ungefähr in Wirklichkeit? Ordne zu.

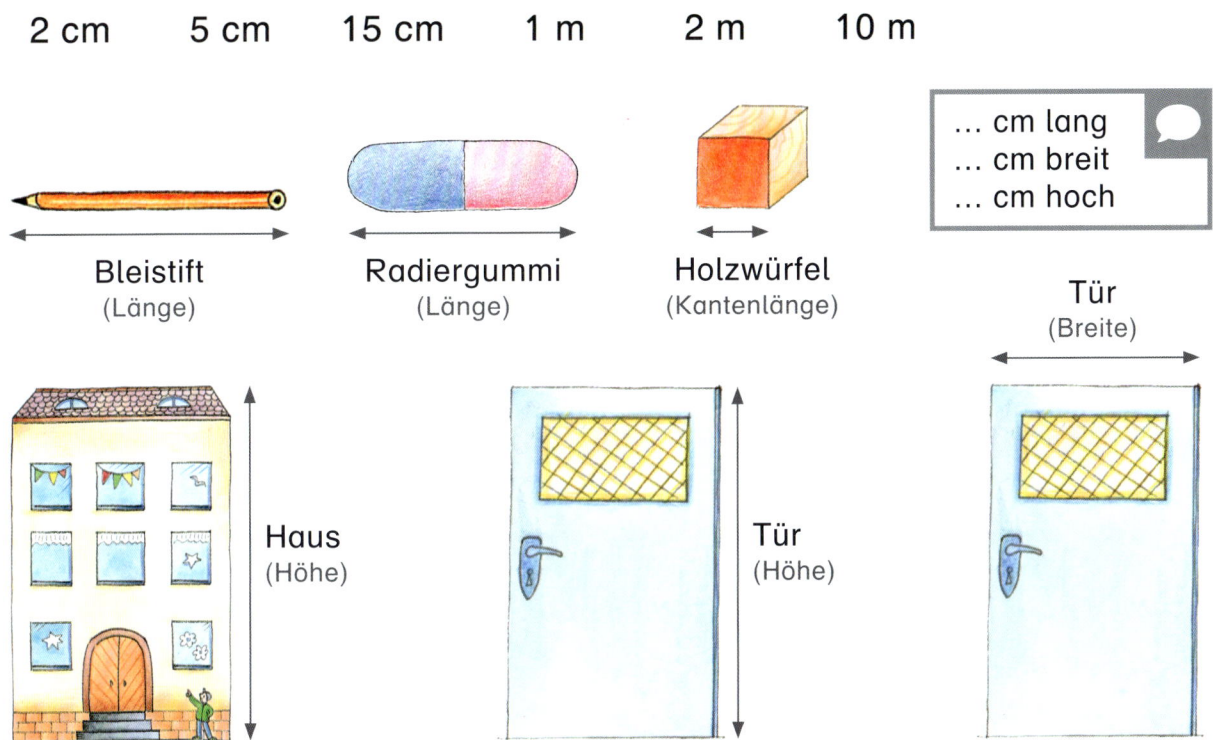

2 cm   5 cm   15 cm   1 m   2 m   10 m

Bleistift
(Länge)

Radiergummi
(Länge)

Holzwürfel
(Kantenlänge)

… cm lang
… cm breit
… cm hoch

Tür
(Breite)

Haus
(Höhe)

Tür
(Höhe)

9 Kann das sein? Begründe.

a) Jette geht 10 m.
Sie braucht dafür
7 Schritte.

b) Wenn du 50 deiner Holzwürfel
aneinanderlegst, ist die Schlange
so breit wie eine Tür.

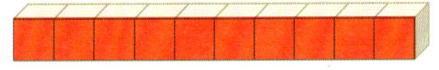

c) Fünf Kinder bilden
eine Kette.
Die Kette ist 10 m lang.

Suche nach Gegenständen, die 1 cm, 10 cm, 50 cm lang oder breit sind.

1 · ☐   2 · ☐   5 · ☐   10 · ☐

3 · 4
Das sind
8 + 4 = 12.

3 · 4   6 · 4

6 · 4
Das sind
20 + 4 = 24.

1 Wie haben Justus und Jette die Aufgaben 3 · 4 und 6 · 4 gelöst? Erkläre.
Welche Malaufgaben lassen sich so lösen? Sammelt sie an der Tafel.

2 Rechne mithilfe der Kernaufgaben.

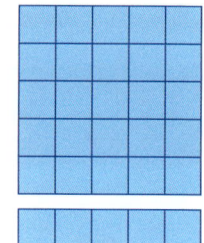

a) 3 · 5 = ☐
$+$ 2 · 5 = ☐
1 · 5 = ☐

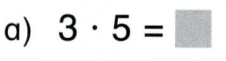

b) 6 · 5 = ☐
$+$ 5 · 5 = ☐
1 · 5 = ☐

3 Rechne mithilfe der Kernaufgaben.

a) 3 · 3 = ☐
$+$ 2 · 3 = ☐
1 · 3 = ☐

b) 3 · 6 = ☐
$+$ 2 · 6 = ☐
1 · 6 = ☐

c) 3 · 7 = ☐
$+$ ☐ · ☐ = ☐
☐ · ☐ = ☐

d) 3 · 8 = ☐
$+$ ☐ · ☐ = ☐
☐ · ☐ = ☐

4 Rechne mithilfe der Kernaufgaben.

a) 6 · 3 = ☐
$+$ 5 · 3 = ☐
1 · 3 = ☐

b) 6 · 6 = ☐
$+$ 5 · 6 = ☐
1 · 6 = ☐

c) 6 · 7 = ☐
$+$ ☐ · ☐ = ☐
☐ · ☐ = ☐

d) 6 · 8 = ☐
$+$ ☐ · ☐ = ☐
☐ · ☐ = ☐

5 Finde den Rechenfehler. Schreibe die Aufgabe richtig auf.

a) 7 · 4 = 24
$+$ 5 · 4 = 20
1 · 4 = 4

b) 3 · 8 = 26
$+$ 2 · 8 = 16
1 · 8 = 8

c) 6 · 9 = 51
$+$ 5 · 9 = 45
1 · 6 = 6

d) 6 · 3 = 12
$+$ 5 · 3 = 15
1 · 3 = 3

6 Wie haben Justus und Jette die Aufgabe $9 \cdot 6$ gelöst? Erkläre.
Wie lösen Justus und Jette die Aufgabe $4 \cdot 6$? Erkläre.
Welche Malaufgaben lassen sich so lösen? Sammelt sie an der Tafel.

7 Rechne mithilfe der Kernaufgaben.

a) $9 \cdot 4 = $ ▨
$\ominus$ $\dfrac{10 \cdot 4 = }{1 \cdot 4 = }$ ▨
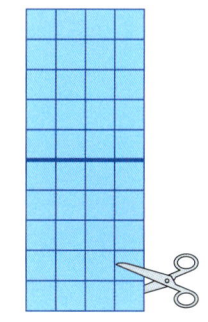

b) $9 \cdot 5 = $ ▨
$\ominus$ $\dfrac{10 \cdot 5 = }{1 \cdot 5 = }$ ▨
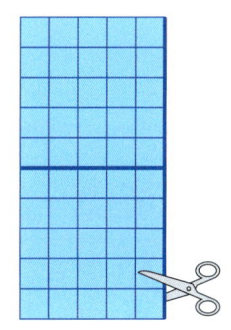

8 Rechne mithilfe der Kernaufgaben.

a) $9 \cdot 3 = $ ▨
$\ominus$ $\dfrac{10 \cdot 3 = }{1 \cdot 3 = }$ ▨

b) $9 \cdot 8 = $ ▨
$\ominus$ $\dfrac{10 \cdot 8 = }{1 \cdot 8 = }$ ▨

c) $9 \cdot 6 = $ ▨
$\ominus$ $\dfrac{\quad \cdot \quad = }{\quad \cdot \quad = }$ ▨

d) $9 \cdot 7 = $ ▨
$\ominus$ $\dfrac{\quad \cdot \quad = }{\quad \cdot \quad = }$ ▨

9 Rechne mithilfe der Kernaufgaben.

a) $4 \cdot 3 = $ ▨
$\ominus$ $\dfrac{5 \cdot 3 = }{1 \cdot 3 = }$ ▨

b) $4 \cdot 6 = $ ▨
$\ominus$ $\dfrac{5 \cdot 6 = }{1 \cdot 6 = }$ ▨

c) $4 \cdot 7 = $ ▨
$\ominus$ $\dfrac{\quad \cdot \quad = }{\quad \cdot \quad = }$ ▨

d) $4 \cdot 9 = $ ▨
$\ominus$ $\dfrac{\quad \cdot \quad = }{\quad \cdot \quad = }$ ▨

10 Finde den Rechenfehler. Schreibe die Aufgabe richtig auf.

a) $9 \cdot 4 = 44$
$\ominus$ $\dfrac{10 \cdot 4 = 40}{1 \cdot 4 = \ 4}$

b) $9 \cdot \ 6 = 50$
$\ominus$ $\dfrac{10 \cdot \ 6 = 60}{1 \cdot 10 = 10}$

c) $3 \cdot \ 9 = 21$
$\ominus$ $\dfrac{3 \cdot 10 = 30}{1 \cdot \ 9 = \ 9}$

d) $4 \cdot 8 = 27$
$\ominus$ $\dfrac{5 \cdot 8 = 35}{1 \cdot 8 = \ 8}$

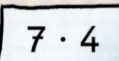

1 · ▢   2 · ▢   5 · ▢   10 · ▢

das **Malfeld**
die **Kernaufgabe**
die **Tauschaufgabe**

20 + 8 = 28

7 · 4

Ich rechne die Tauschaufgabe 4 · 7. Das ist das Doppelte von 2 · 7.

1 Wie lösen Justus und Jette die Aufgabe 7 · 4 ? Erkläre.
Gibt es noch andere Rechenwege?

2 Rechne mithilfe der Kernaufgaben.

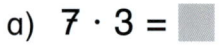

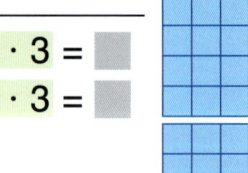

a) 7 · 3 = ▨
 _____
 5 · 3 = ▨
+ 2 · 3 = ▨

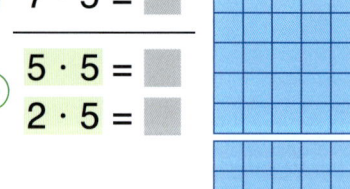

b) 7 · 5 = ▨
 _____
 5 · 5 = ▨
+ 2 · 5 = ▨

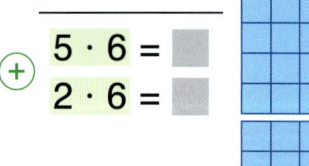

c) 7 · 6 = ▨
 _____
 5 · 6 = ▨
+ 2 · 6 = ▨

d) 4 · 3 = ▨
 _____
 2 · 3 = ▨
+ 2 · 3 = ▨

e) 4 · 5 = ▨
 _____
 2 · 5 = ▨
+ 2 · 5 = ▨

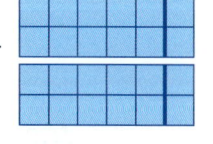

f) 4 · 6 = ▨
 _____
 2 · 6 = ▨
+ 2 · 6 = ▨

3 Rechne mithilfe der Kernaufgaben.

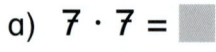

a) 7 · 7 = ▨
 _____
 5 · 7 = ▨
+ · 7 = ▨

b) 7 · 3 = ▨
 _____
 5 · 3 = ▨
+ · 3 = ▨

c) 4 · 4 = ▨
 _____
 2 · 4 = ▨
+ · 4 = ▨

d) 4 · 8 = ▨
 _____
 2 · 8 = ▨
+ · = ▨

e) 6 · 8 = ▨
 _____
 5 · 8 = ▨
+ · = ▨

f) 6 · 9 = ▨
 _____
 5 · 9 = ▨
+ · = ▨

g) 4 · 7 = ▨
 _____
 2 · 7 = ▨
+ · = ▨

h) 4 · 9 = ▨
 _____
 2 · 9 = ▨
+ · = ▨

4 a) Wie löst du die Aufgabe $\boxed{8 \cdot 6}$? Notiere.

b) Vergleicht eure Rechenwege.

c) Welche Rechenwege habt ihr gefunden?

5 Rechne auf deinem Weg. Notiere deinen Rechenweg.

a) $7 \cdot 8$ b) $8 \cdot 9$ c) $4 \cdot 6$ d) $7 \cdot 9$ e) $8 \cdot 8$
f) $4 \cdot 9$ g) $8 \cdot 7$ h) $7 \cdot 6$ i) $8 \cdot 4$ j) $4 \cdot 7$

Vergleicht eure Rechenwege.

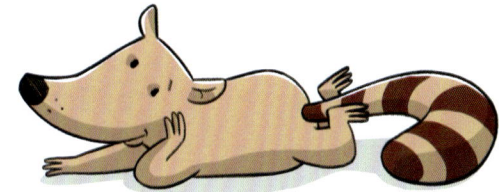

6 Rechne mithilfe der Kernaufgaben.

a) $8 \cdot 6 = \blacksquare$
  $\ominus$ $10 \cdot 6 = \blacksquare$
  $\quad\ \cdot\ 6 = \blacksquare$

b) $8 \cdot 7 = \blacksquare$
  $\ominus$ $10 \cdot 7 = \blacksquare$
  $\quad\ \cdot\ 7 = \blacksquare$

c) $4 \cdot 6 = \blacksquare$
  $\ominus$ $5 \cdot 6 = \blacksquare$
  $\quad\ \cdot\ 6 = \blacksquare$

d) $4 \cdot 9 = \blacksquare$
  $\ominus$ $5 \cdot 9 = \blacksquare$
  $\quad\ \cdot\quad = \blacksquare$

e) $9 \cdot 6 = \blacksquare$
  $\ominus$ $10 \cdot 6 = \blacksquare$
  $\quad\ \cdot\quad = \blacksquare$

f) $9 \cdot 8 = \blacksquare$
  $\ominus$ $10 \cdot 8 = \blacksquare$
  $\quad\ \cdot\quad = \blacksquare$

g) $4 \cdot 7 = \blacksquare$
  $\ominus$ $5 \cdot 7 = \blacksquare$
  $\quad\ \cdot\quad = \blacksquare$

h) $4 \cdot 8 = \blacksquare$
  $\ominus$ $5 \cdot 8 = \blacksquare$
  $\quad\ \cdot\quad = \blacksquare$

7 Wie heißt die Aufgabe, die gerechnet wurde?

a) $\blacksquare \cdot \blacksquare = 48$
  $\ominus$ $10 \cdot 6 = 60$
  $\quad\ \cdot\quad = 12$

b) $\blacksquare \cdot \blacksquare = 36$
  $\ominus$ $10 \cdot 4 = 40$
  $\quad\ \cdot\quad = 4$

c) $\blacksquare \cdot \blacksquare = 56$
  $\ominus$ $10 \cdot 7 = 70$
  $\quad\ \cdot\quad = 14$

d) $\blacksquare \cdot \blacksquare = 81$
  $\ominus$ $10 \cdot 9 = 90$
  $\quad\ \cdot\quad = 9$

e) $\blacksquare \cdot \blacksquare = 42$
  $\oplus$ $\quad\ \cdot\ 6 = 30$
  $\quad\ \cdot\quad = 12$

f) $\blacksquare \cdot \blacksquare = 18$
  $\oplus$ $\quad\ \cdot\ 3 = 15$
  $\quad\ \cdot\quad = 3$

g) $\blacksquare \cdot \blacksquare = 32$
  $\oplus$ $\quad\ \cdot\ 8 = 16$
  $\quad\ \cdot\quad = 16$

h) $\blacksquare \cdot \blacksquare = 63$
  $\oplus$ $\quad\ \cdot\ 9 = 45$
  $\quad\ \cdot\quad = 18$

Welche Malaufgaben kannst du schon auswendig? Schreibe auf.

Wie viele Beine haben die Tiere?

$6 \cdot 4 = \blacksquare$
$5 \cdot 4 = 20$
$1 \cdot 4 = 4$

$4 \cdot 8 = \blacksquare$
$5 \cdot 8 = 40$
$1 \cdot 8 = 8$

1 Erkläre die Rechenwege von Justus und Jette.

2 Rechne die Kernaufgaben.

a) $1 \cdot 4$ $2 \cdot 4$ $10 \cdot 4$ $5 \cdot 4$ b) $1 \cdot 8$ $2 \cdot 8$ $10 \cdot 8$ $5 \cdot 8$

3 Wie viele Beine haben die Schildkröten insgesamt?
Rechne mithilfe der Kernaufgaben.

a) 3 Schildkröten   b) 6 Schildkröten
c) 4 Schildkröten   d) 9 Schildkröte

a)
$3 \cdot 4 = \blacksquare$
$2 \cdot 4 = 8$
$1 \cdot 4 = 4$

4 Wie viele Beine haben die Spinnen insgesamt?
Rechne mithilfe der Kernaufgaben.

a) 3 Spinnen   b) 6 Spinnen   c) 4 Spinnen   d) 9 Spinnen

Einmaleins mit 2		Einmaleins mit 4		Einmaleins mit 8	
$1 \cdot 2 = 2$	$6 \cdot 2 = 12$	$1 \cdot 4 = 4$	$6 \cdot 4 = 24$	$1 \cdot 8 = 8$	$6 \cdot 8 = 48$
$2 \cdot 2 = 4$	$7 \cdot 2 = 14$	$2 \cdot 4 = 8$	$7 \cdot 4 = 28$	$2 \cdot 8 = 16$	$7 \cdot 8 = 56$
$3 \cdot 2 = 6$	$8 \cdot 2 = 16$	$3 \cdot 4 = 12$	$8 \cdot 4 = 32$	$3 \cdot 8 = 24$	$8 \cdot 8 = 64$
$4 \cdot 2 = 8$	$9 \cdot 2 = 18$	$4 \cdot 4 = 16$	$9 \cdot 4 = 36$	$4 \cdot 8 = 32$	$9 \cdot 8 = 72$
$5 \cdot 2 = 10$	$10 \cdot 2 = 20$	$5 \cdot 4 = 20$	$10 \cdot 4 = 40$	$5 \cdot 8 = 40$	$10 \cdot 8 = 80$

5 Nutze die Einmaleinsreihen. Was fällt dir auf?

a) $\blacksquare \cdot 2 = 8$
$\blacksquare \cdot 4 = 8$

b) $\blacksquare \cdot 2 = 16$
$\blacksquare \cdot 4 = 16$

c) $\blacksquare \cdot 4 = 24$
$\blacksquare \cdot 8 = 24$

d) $\blacksquare \cdot 4 = 32$
$\blacksquare \cdot 8 = 32$

 Finde weitere Aufgabenpaare wie bei Aufgabe 5.

Tierknobeleien

1 Wie viele Tiere sieht Fredo?
Wie viele Beine haben diese Tiere zusammen?

$4 \cdot 8 + 3 \cdot 4 + 5 \cdot 2$

2 a) Fredo zählt 8 Beine.
Zu welchen Tieren könnten
sie gehören?
Es gibt 4 Möglichkeiten.

b) Fredo zählt 12 Beine.
Zu welchen Tieren könnten
sie gehören?

a)	1	Spinne		
		Schildkröten		
		Schildkröte und		Papageien
		Papageien		

3 a) Fredo zählt 16 Beine.
Zu welchen Tieren könnten sie gehören?
Es gibt 9 Möglichkeiten.
Schreibe oder male möglichst viele auf.

Ich überlege mir,
wie ich vorgehe.
Ich fange mit
2 Spinnen an.

b) Wie bist du vorgegangen?
Vergleiche mit einem Partnerkind.

c) Habt ihr in der Klasse alle 9 Möglichkeiten gefunden?

4 Fredo zählt 24 Beine. Findest du alle 16 Möglichkeiten?

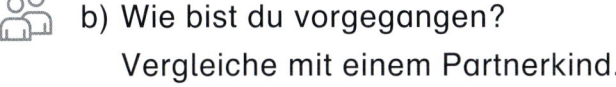

5 Schreibe ins Heft.

a) 2 Schildkröten haben zusammen genauso viele Beine wie ▮ Papageien.
b) 2 Spinnen haben zusammen genauso viele Beine wie ▮ Schildkröten.
c) 3 Schildkröten haben zusammen genauso viele Beine wie ▮ Papageien.
d) 2 Spinnen haben zusammen genauso viele Beine wie ▮ Papageien.
e) 5 Schildkröten haben zusammen genauso viele Beine wie ▮ Papageien.

Einmaleins mit 3, 6 und 9

AH S. 65

1 Rechne die Kernaufgaben.

a) 1 · 3   2 · 3   10 · 3   5 · 3

b) 1 · 6   2 · 6   10 · 6   5 · 6

c) 1 · 9   2 · 9   10 · 9   5 · 9

2 Rechne mithilfe der Kernaufgaben.

a) 3 · 3
   3 · 6
   3 · 9

b) 4 · 3
   4 · 6
   4 · 9

c) 6 · 3
   6 · 6
   6 · 9

d) 7 · 3
   7 · 6
   7 · 9

e) 8 · 3
   8 · 6
   8 · 9

f) 9 · 3
   9 · 6
   9 · 9

a) 3 · 3 = ▢
   ‾‾‾‾‾‾
   2 · 3 = 6
   1 · 3 = 3

Einmaleins mit 3		Einmaleins mit 6		Einmaleins mit 9	
1 · 3 = 3	6 · 3 = 18	1 · 6 = 6	6 · 6 = 36	1 · 9 = 9	6 · 9 = 54
2 · 3 = 6	7 · 3 = 21	2 · 6 = 12	7 · 6 = 42	2 · 9 = 18	7 · 9 = 63
3 · 3 = 9	8 · 3 = 24	3 · 6 = 18	8 · 6 = 48	3 · 9 = 27	8 · 9 = 72
4 · 3 = 12	9 · 3 = 27	4 · 6 = 24	9 · 6 = 54	4 · 9 = 36	9 · 9 = 81
5 · 3 = 15	10 · 3 = 30	5 · 6 = 30	10 · 6 = 60	5 · 9 = 45	10 · 9 = 90

3 Nutze die Einmaleinsreihen. Was fällt dir auf?

a) ▢ · 3 = 12   ▢ · 3 = 18   ▢ · 3 = 24   ▢ · 3 = 30
   ▢ · 6 = 12   ▢ · 6 = 18   ▢ · 6 = 24   ▢ · 6 = 30

b) ▢ · 3 = 9   ▢ · 3 = 18   ▢ · 3 = 27
   ▢ · 9 = 9   ▢ · 9 = 18   ▢ · 9 = 27

4 a) 24 Ecken: Wie viele Dreiecke und Sechsecke können es sein?
   Finde alle Möglichkeiten.

b) 6 Formen haben zusammen 27 Ecken.
   Wie viele Dreiecke und Sechsecke sind es?

Einmaleins mit 7

	März					
Mo	Di	Mi	Do	Fr	Sa	So
1	2	3	4	5	6	7
8	9	10	11	12	13	14
15	16	17	18	19	20	21
22	23	24	25	26	27	28
29	30	31				

 1 Wo findest du die Zahlen aus dem Einmaleins mit 7 in diesem Kalender?

2 Schreibe immer die passende Malaufgabe.

Wie viele Tage haben …

a) 2 Wochen?   b) 4 Wochen?   c) 5 Wochen?

a) $2 \cdot 7 =$

3 Rechne die Kernaufgaben.

$1 \cdot 7$ $2 \cdot 7$ $10 \cdot 7$ $5 \cdot 7$

4 Rechne mithilfe der Kernaufgaben.

a) $3 \cdot 7$ b) $4 \cdot 7$ c) $6 \cdot 7$

d) $7 \cdot 7$ e) $8 \cdot 7$ f) $9 \cdot 7$

a) $3 \cdot 7 =$
$2 \cdot 7 =$
$1 \cdot 7 =$

5 Rechne. Was fällt dir auf?

a) $\quad \cdot 7 = 14$ b) $\quad \cdot 7 = 21$
$\quad \cdot 7 = 28$ $\quad \cdot 7 = 42$

c) $\quad \cdot 7 = 35$ d) $\quad \cdot 7 = 28$
$\quad \cdot 7 = 70$ $\quad \cdot 7 = 56$

Einmaleins mit 7

$1 \cdot 7 = 7$	$6 \cdot 7 = 42$
$2 \cdot 7 = 14$	$7 \cdot 7 = 49$
$3 \cdot 7 = 21$	$8 \cdot 7 = 56$
$4 \cdot 7 = 28$	$9 \cdot 7 = 63$
$5 \cdot 7 = 35$	$10 \cdot 7 = 70$

6 Wie viele Tage sind es?

Bis zu den Sommerferien sind es noch 4 Wochen und 2 Tage.

Die Sommerferien dauern 6 Wochen und 2 Tage.

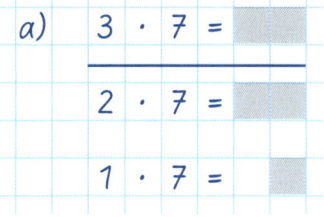

Quadrataufgaben

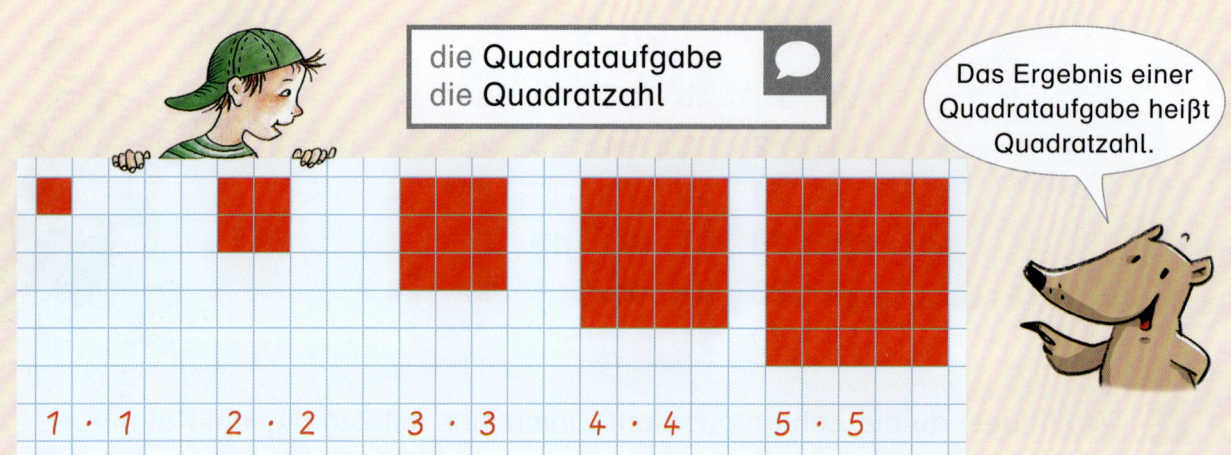

die Quadrataufgabe
die Quadratzahl

Das Ergebnis einer Quadrataufgabe heißt Quadratzahl.

1 · 1   2 · 2   3 · 3   4 · 4   5 · 5

 1 Was macht Justus? Erkläre. Wie geht es weiter?

2 Rechne mithilfe der Kernaufgaben.

a) 3 · 3   b) 4 · 4   c) 6 · 6   d) 7 · 7   e) 8 · 8   f) 9 · 9

3 Rechne mithilfe der Quadrataufgaben. Erkläre.

a) 7 · 6   b) 4 · 3   c) 7 · 8   d) 3 · 4   e) 6 · 5   f) 8 · 9   g) 8 · 7
  6 · 6   3 · 3   8 · 8   4 · 4   5 · 5   9 · 9   7 · 7

4 Ordne die Aufgaben und rechne.

2 · 2	5 · 2	7 · 8	1 · 6	4 · 3	10 · 7	6 · 8
3 · 9	10 · 9	4 · 4	6 · 3	5 · 9	2 · 3	3 · 4
3 · 7	1 · 7	10 · 4	5 · 4	9 · 9	8 · 6	6 · 6
2 · 7	1 · 9	3 · 3	5 · 8	4 · 7	10 · 3	5 · 7

Kernaufgaben	Quadrataufgaben	andere Aufgaben

5 Von einer Quadratzahl zur nächsten. Setze fort.
Wie viele Würfel musst du dazulegen? Erkennst du eine Regel? Notiere.

   ?

1   4   9   ...

Das Einmaleins üben

1	2	③	4	5	⑥	7	8	⑨	10
11	⑫	13	14	⑮	16	17	⑱	19	20
㉑	22	23	㉔	25	26	㉗	28	29	㉚
31	32	33	34	35	㊱	37	38	39	40
41	㊷	43	44	45	46	47	㊽	49	50
51	52	53	�554	55	56	57	58	59	㉍60

1	②	3	④	5	⑥	7	⑧	9	⑩
11	⑫	13	⑭	15	⑯	17	⑱	19	⑳
21	22	23	㉔	25	26	27	㉘	29	30
31	�32	33	34	35	㊱	37	38	39	㊵40
41	42	43	44	45	46	47	48	49	50
51	52	53	54	55	56	57	58	59	60

 1 Was haben Jette und Justus gemacht? Beschreibe. Was fällt dir auf?

2 Welche Zahlen gehören sowohl zur Dreierreihe als auch zur Sechserreihe? Schreibe immer die beiden passenden Malaufgaben auf.

$6 = 2 \cdot 3$

$6 = 1 \cdot 6$

3 Welche Zahlen gehören sowohl zur Zweierreihe als auch zur Viererreihe? Schreibe immer die beiden passenden Malaufgaben auf.

$4 = 2 \cdot 2$

$4 = 1 \cdot 4$

4 Rechne.

a)
$3 \cdot 5$
$9 \cdot 1$
$4 \cdot 4$
$6 \cdot 10$
$7 \cdot 2$

b)
$8 \cdot 2$
$7 \cdot 7$
$9 \cdot 10$
$6 \cdot 5$
$4 \cdot 1$

c)
$8 \cdot 8$
$4 \cdot 5$
$6 \cdot 2$
$3 \cdot 1$
$7 \cdot 10$

d)
$8 \cdot 10$
$7 \cdot 1$
$9 \cdot 5$
$4 \cdot 2$
$3 \cdot 3$

e)
$\blacksquare \cdot 1 = 6$
$2 \cdot \blacksquare = 20$
$\blacksquare \cdot 6 = 36$
$\blacksquare \cdot 5 = 40$
$2 \cdot \blacksquare = 18$

f)
$\blacksquare \cdot 9 = 81$
$2 \cdot \blacksquare = 0$
$\blacksquare \cdot 2 = 6$
$\blacksquare \cdot 5 = 10$
$\blacksquare \cdot 10 = 40$

g)
$\blacksquare \cdot 10 = 30$
$\blacksquare \cdot 5 = 35$
$\blacksquare \cdot 2 = 4$
$8 \cdot \blacksquare = 8$
$5 \cdot \blacksquare = 10$

5 Zahlenrätsel

a) Meine Zahl gehört zur Fünferreihe. Sie liegt zwischen 30 und 40.

b) Meine Zahl ist größer als 40. Sie gehört zur Fünferreihe und zur Zehnerreihe.

c) Wenn man das Doppelte meiner Zahl verdoppelt, erhält man 40.

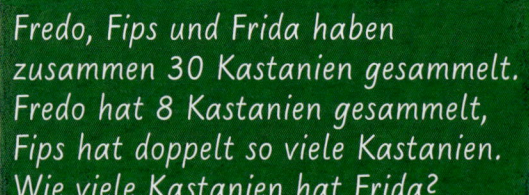

Fredo, Fips und Frida haben zusammen 30 Kastanien gesammelt. Fredo hat 8 Kastanien gesammelt, Fips hat doppelt so viele Kastanien. Wie viele Kastanien hat Frida?

Zusammen müssen es 30 sein.

1 Was macht Justus?
Was meint Jette? Erkläre.

2 Fredo, Fips und Frida haben zusammen 20 Kastanien. Fredo hat 10 Kastanien gesammelt, Fips hat 4 Kastanien weniger als Fredo. Wie viele Kastanien hat Frida?

Mach dir ein Bild von der Aufgabe.

3 Fredo, Fips und Frida haben zusammen 32 Kastanien. Die Hälfte davon hat Frida. Fredo hat 7 Kastanien weniger als Frida. Wie viele Kastanien hat Fips?

4 Welches Bild passt? Begründe.

a) Fredo, Fips und Frida haben zusammen 27 Kastanien. Fredo hat 14 Kastanien gesammelt, Fips hat halb so viele Kastanien wie Fredo gesammelt. Wie viele Kastanien hat Frida gesammelt?

A 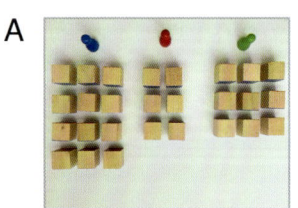   B 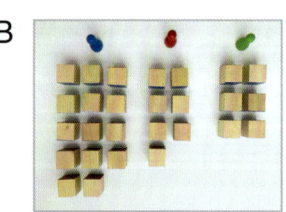   C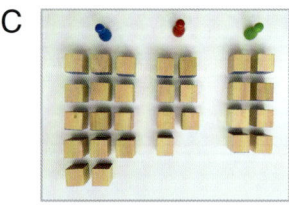

b) Fips und Frida haben gleich viele Nüsse gesammelt. Fredo hat 8 Nüsse gesammelt. Zusammen haben die drei Freunde 36 Nüsse. Wie viele Nüsse hat Frida gesammelt? Wie viele Nüsse hat Fips gesammelt?

A 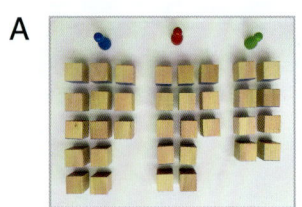   B 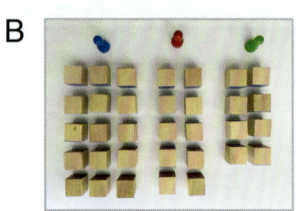   C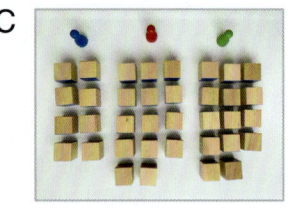

5 Fredo, Fips und Frida haben zusammen 42 Kastanien.
Fredo und Fips haben zusammen doppelt so viele Kastanien wie Frida.
Fredo hat zwei Kastanien mehr als Frida. Wie viele Kastanien hat Fredo?

> Für eine Skizze reicht ein einfaches Bild.

Fredo legt eine Kokosnusspyramide. Für die unterste Reihe braucht er sechs Kokosnüsse. Für die Reihe darüber braucht er eine Nuss weniger. Für die Reihe darüber braucht er wieder eine Nuss weniger und so weiter. Wie viele Kokosnüsse braucht Fredo insgesamt?

 1 Erkläre, was Justus meint. Zeichne Justus' Skizze fertig und antworte.

 2 Frida bastelt eine Blütenkette. Sie nimmt immer abwechselnd 2 gelbe Blüten und 3 rote Blüten. Sie hat 25 Blüten an ihrer Kette. Welche Farbe hat die 15. Blüte?

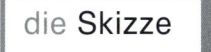 die **Skizze**

 3 Würfelschlange: Fredo hat 50 Würfel. Er legt die drei Farben immer in der gleichen Reihenfolge.

a) Welche Farbe hat der 15. Würfel?
b) Wie viele blaue Würfel sind es bis zum 22. Würfel?

 4 Fredo isst gerne Pralinen. In der Schachtel sind 5 Reihen mit jeweils 6 Pralinen in einer Reihe. Fredo hat alle Pralinen rundherum am Rand schon aufgegessen. Wie viele Pralinen sind noch in der Schachtel?

 5 Fredo legt mit Holzwürfeln immer größer werdende Quadrate.

 ? ? ?

1.   2.   3.   4.   5.

a) Wie viele Würfel braucht Fredo für das 3. Quadrat?
b) Wie viele Würfel muss er beim 4. Quadrat dazulegen, um das 5. Quadrat zu erhalten?

 6 Fredo und Fips graben einen Tunnel. Er ist 24 m lang. Sie beginnen gleichzeitig von beiden Seiten. Fredo schafft jeden Tag 1 m, Fips schafft täglich 2 m. Am wievielten Tag treffen sich die beiden?

Sachaufgaben lösen und überprüfen

Mutter verteilt 18 Sammelkarten an ihre beiden Kinder.
Wie viele Karten bekommt jeder?
R: 18 : 2 = 9
A: Es sind zusammen 9 Karten.

Die Antwort passt nicht.

 1 Was meint Justus? Erkläre.

2 Schreibe Rechnung und Antwort.

a) Mutter verteilt 8 Lollis
an 2 Kinder.
Wie viele Lollis bekommt jeder?

R: ⬜ : ⬜ = ⬜

A: Jeder bekommt ⬜ Lollis.

b) Vater verteilt 10 Brezeln
an 5 Kinder.
Wie viele Brezeln bekommt jeder?

R: ⬜ : ⬜ = ⬜

A: Jeder bekommt ⬜ Brezeln.

3 Welche Antwort passt?

Justus hat 20 Kekse gebacken. Er verpackt immer 5 Kekse in eine Tüte.
Wie viele Tüten sind es?

R: 20 : 5 = 4
A: Es sind 4 Kekse in
jeder Tüte.
Kim

R: 20 : 5 = 4
A: Es sind 4 Tüten.
Lukas

4 Schreibe Rechnung und Antwort.

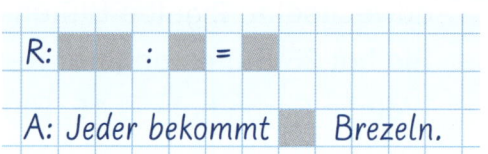

Überprüfe: Passt deine Antwort zur Frage?

a) Mutter verteilt 30 Rosen in 5 Vasen.
Wie viele Rosen sind in jeder Vase?

b) Vater hat 16 Äpfel gekauft.
Sie sind in 4 Kartons verpackt.
Wie viele Äpfel sind in einem Karton?

c) Oma verteilt 12 Schokoküsse
an 4 Kinder. Wie viele Schokoküsse
bekommt jeder?

5 Schreibe Rechnung und Antwort.

a) In einer Packung sind 4 Waffeln.
Jeder bekommt 4 Waffelherzen.
Wie viele Personen sind es?

b) Mutter hat 4 Sechserpackungen
Birnen gekauft. Für das Müsli
benötigt sie jeden Morgen 3 Birnen.
Wie viele Tage reichen die Birnen?

Teilen mit Rest

1 Lege wie Jette und Justus. Notiere die Aufgaben.

2 Lege und rechne. Die erste Aufgabe hilft.

a) 4 : 2   b) 25 : 5   c) 30 : 10
   5 : 2   26 : 5   31 : 10

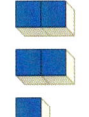

a)   4 : 2 = 2
     5 : 2 =   R

3 Lege und rechne.

a) 16 : 4   b) 15 : 3   c) 25 : 5
   17 : 4   16 : 3   26 : 5
   18 : 4   17 : 3   27 : 5
   19 : 4   18 : 3   28 : 5
   20 : 4   19 : 3   29 : 5
   21 : 4   20 : 3   30 : 5

a)   1 6 : 4 =
     1 7 : 4 =   R
     1 8

d) Vergleiche deine Ergebnisse mit einem Partnerkind.

e) Findet ihr eine Regel für Aufgaben mit Rest?

4 Was passiert mit dem Rest? Erkläre.

a)    b)    c)

5 Rechne.

a) 31 :   = 10 R 1   b) 37 :   = 6 R 1   c)   : 8 = 8 R 4
     : 2 = 1 R 1   : 5 = 7 R 4   44 :   = 8 R 4
     : 10 = 9 R 9   87 :   = 8 R 7   17 :   = 8 R 1

Teilen üben

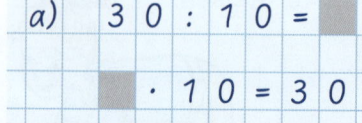

1   Rechne. Überprüfe mit der Umkehraufgabe.

a) 30 : 10   b) 12 : 2   c) 20 : 5   d) 14 : 2
    50 : 10   16 : 2   15 : 5   25 : 5
    70 : 10   20 : 2   30 : 5   80 : 10

2   Rechne. Überprüfe mit der Umkehraufgabe.

a) 20 : 2   b) 16 : 8   c) 18 : 2   d) 36 : 6   e) 50 : 5   f)   81 : 9
    20 : 4   16 : 4   30 : 6   64 : 8   40 : 8   35 : 7
    25 : 5   18 : 9   70 : 7   9 : 3   30 : 6   100 : 10
    14 : 2   35 : 5   45 : 9   49 : 7   45 : 9   12 : 2

3   Wie viele Dinge bekommt jedes Kind? Verteile gerecht …

a) 30 Sticker an 5 Kinder.

b) 18 Nüsse an 2 Kinder.

c) 20 Murmeln an 4 Kinder.

d) 12 Stifte an 6 Kinder.

e) 9 Äpfel an 3 Kinder.

f) 25 Luftballons an 5 Kinder.

> a)   3 0 : 5 = ▢
>
> Jedes Kind bekommt ▢ Sticker.

4   Aufgaben mit Rest. Die erste Aufgabe hilft.

a) 10 : 2   b) 40 : 10   c) 30 : 5   d) 18 : 2   e) 70 : 10   f) 40 : 5
    11 : 2   43 : 10   33 : 5   19 : 2   75 : 10   44 : 5

g) 50 : 10   h) 35 : 5   i) 14 : 2   j) 25 : 5   k) 90 : 10   l) 16 : 2
    56 : 10   38 : 5   15 : 2   29 : 5   97 : 10   17 : 2

5   Gleiches Bild – gleiche Zahl

Bei mir muss die Ananas die 1 sein.

a) 🫐 · 🫐 = 🍊
    81 : 🍊 = 🍊

b) 🍉 : 🍍 = 🍍 · 🍉
    🍉 + 🍉 = 14

c) 🍓 · 🍋 = 20
    🍋 − 🍓 = 1

d) 🍒 · 🍒 = 36
    60 : 🍌 = 🍒

e) 🍎 · 🍐 = 16
    🍐 : 🍎 = 🍎 · 🍎

Platzhalteraufgaben

Ich denke mir eine Zahl, ...

... teile sie durch 2 ...

... und erhalte 9.

☐☐ : 2   ☐ : 2 = 9

---

1 Wie kannst du Jettes Rätsel lösen? Erkläre.

2 Rechne zuerst die Umkehraufgabe.

a) ☐ : 5 = 2
☐ : 3 = 3
☐ : 10 = 3

b) ☐ : 5 = 4
☐ : 6 = 6
☐ : 1 = 4

c) ☐ : 10 = 2
☐ : 2 = 2
☐ : 5 = 7

a) ☐ : 5 = 2
2 · 5 = 1 0

3 Rechne zuerst die Umkehraufgabe.

a) ☐ : 5 = 4
☐ : 2 = 7
☐ : 5 = 3

b) ☐ : 4 = 4
☐ : 2 = 10
☐ : 7 = 7

c) ☐ : 5 = 6
☐ : 8 = 8
☐ : 10 = 9

d) ☐ : 10 = 7
☐ : 5 = 8
☐ : 1 = 8

Ich nehme die Zahl 40, ...

... teile sie durch eine Zahl ...

... und erhalte 8.

4 0   4 0 : ☐   4 0 : ☐ = 8

4 Wie kannst du Justus' Rätsel lösen? Erkläre.

5 Rechne.

a) 35 : ☐ = 7
80 : ☐ = 8
81 : ☐ = 9

b) 25 : ☐ = 5
100 : ☐ = 10
16 : ☐ = 8

c) 30 : ☐ = 6
45 : ☐ = 9
9 : ☐ = 3

d) 14 : ☐ = 2
90 : ☐ = 10
30 : ☐ = 5

6 Rechne. Was fällt dir auf?

a) 12 : 2 = 24 : ☐
18 : 2 = 36 : ☐
25 : 5 = 50 : ☐

b) ☐ : 10 = 30 : 5
☐ : 10 = 20 : 5
45 : 5 = ☐ : 10

c) 14 : ☐ = 28 : 4
☐ : 10 = 50 : 5
64 : 8 = 32 : ☐

Schreibe selbst Zahlenrätsel wie Jette und Justus.

Januar	Februar	März	April	Mai	Juni
Mo Di Mi Do Fr Sa So	Mo Di Mi Do Fr Sa So	Mo Di Mi Do Fr Sa So	Mo Di Mi Do Fr Sa So	Mo Di Mi Do Fr Sa So	Mo Di Mi Do Fr Sa So
1 2 3 4 5 6	1 2 3	1 2 3 4 5 6	1 2 3 4 5 6 7	1 2 3 4 5	1 2
7 8 9 10 11 12 13	4 5 6 7 8 9 10	7 8 9 10 11 12 13	8 9 10 11 12 13 14	6 7 8 9 10 11 12	3 4 5 6 7 8 9
14 15 16 17 18 19 20	11 12 13 14 15 16 17	14 15 16 17 18 19 20	15 16 17 18 19 20 21	13 14 15 16 17 18 19	10 11 12 13 14 15 16
21 22 23 24 25 26 27	18 19 20 21 22 23 24	21 22 23 24 25 26 27	22 23 24 25 26 27 28	20 21 22 23 24 25 26	17 18 19 20 21 22 23
28 29 30 31	25 26 27 28	28 29 30 31	29 30	27 28 29 30 31	24 25 26 27 28 29 30

Juli	August	September	Oktober	November	Dezember
Mo Di Mi Do Fr Sa So	Mo Di Mi Do Fr Sa So	Mo Di Mi Do Fr Sa So	Mo Di Mi Do Fr Sa So	Mo Di Mi Do Fr Sa So	Mo Di Mi Do Fr Sa So
1 2 3 4 5 6 7	1 2 3 4	1	1 2 3 4 5 6	1 2 3	1
8 9 10 11 12 13 14	5 6 7 8 9 10 11	2 3 4 5 6 7 8	7 8 9 10 11 12 13	4 5 6 7 8 9 10	2 3 4 5 6 7 8
15 16 17 18 19 20 21	12 13 14 15 16 17 18	9 10 11 12 13 14 15	14 15 16 17 18 19 20	11 12 13 14 15 16 17	9 10 11 12 13 14 15
22 23 24 25 26 27 28	19 20 21 22 23 24 25	16 17 18 19 20 21 22	21 22 23 24 25 26 27	18 19 20 21 22 23 24	16 17 18 19 20 21 22
29 30 31	26 27 28 29 30 31	23 24 25 26 27 28 29	28 29 30 31	25 26 27 28 29 30	23 24 25 26 27 28 29
		30			30 31

1 Was kannst du am Kalender ablesen? Erzähle.

> der Wochentag
> die Woche
> der Monat
> das Jahr
> das Datum

2 a) Wie viele Tage hat eine Woche?

b) Wie viele Tage haben die einzelnen Monate?

c) Wie viele Monate hat das Jahr?

3 Schreibe zu jedem Datum den Wochentag auf.

a) 20. Januar

b) 5. März

c) 1. April   d) 10. Mai

e) 19. Juni   f) 27. August

g) 31. Oktober h) 8. Dezember

a)   20. Januar: Sonntag

Montag
Dienstag
Mittwoch
Donnerstag
Freitag
Samstag
Sonntag

4 Das sind die Geburtstage von Jettes Familie.    *a)   25. März 2009 – 25.3.2009*

a) 25. März 2009   b) 10. September 2007

c) 20. Mai 2005   d) 29. November 1975

e) 24. Dezember 1976   f) 27. August 1954

g) 17. Februar 1950   h) 27. April 1953

i) 3. Juni 1949   j) 30. Januar 1981

k) 4. Juli 1985   l) 14. Oktober 2014

5 Suche im Kalender und notiere das Datum.

a) der erste Dienstag im Mai   b) der letzte Sonntag im August

c) der erste Montag im Dezember   d) der letzte Freitag im Juli

Schreibe die Geburtstage deiner Familie auf.
An welchen Wochentagen haben sie in diesem Jahr Geburtstag?

6 Suche im Kalender und schreibe das richtige Datum auf.

a) morgen

b) übermorgen

c) gestern

d) vorgestern

e) in einer Woche

f) vor einer Woche

heute:

15.

Juli

7 Beantworte die Fragen.

10.

Dezember

Jana

Am 28. November waren wir im Museum. Vor wie vielen Tagen war das?

Wie viele Tage dauert das Jahr noch?

Tobi

Meine kleine Schwester wird heute genau ein halbes Jahr alt. Wann wurde sie geboren?

Noemi

 8 Sucht euch ein Datum aus und stellt euch Rätsel wie bei Aufgabe 7.

9 Richtig oder falsch? Schreibe richtige Aussagen auf.
Berichtige die falschen Aussagen.

a) In drei Wochen ist Heiligabend.

b) Vorgestern war der 30. November.

c) Vor vier Wochen war der 3. November.

d) Morgen in einer Woche ist der 11. Dezember.

e) In vier Wochen ist Silvester.

3.

Dezember

10 Löse die Rätsel.

Tim

Unsere Sommerferien beginnen am 11. Juli und enden am 23. August. Wie viele Tage dauern sie?

Meine Großeltern fahren vom 24. Februar bis 13. März in den Skiurlaub. Wie viele Nächte sind sie weg?

Pia

Jettes Geburtstag

EINLADUNG

Zu meinem
8. Geburtstag
am 10. Dezember
lade ich dich
herzlich ein

Deine Jette

Gästeliste

Olli	Olga
Pia	Jana
Noemi	Tobi
Justus	Ali
Kim	

Ich habe für jedes Kind auch einen Muffin gebacken.

 1 Welche Informationen kannst du den Abbildungen entnehmen? Erzähle.

2 Welche Fragen kannst du beantworten? Schreibe die Antworten auf.

a) Wie viele Kinder lädt Jette ein?

b) Wie viele Muffins hat die Mutter gebacken?

c) Wie alt wird Jette?

d) Wie alt sind Jettes Freunde?

e) Um wie viel Uhr sollen Jettes Gäste kommen?

f) Wann hat Jette Geburtstag?

g) Reichen die Nussecken, wenn jedes Kind zwei Stück isst?

h) Backt die Mutter mehr Muffins oder mehr Nussecken?

i) Es feiern mehr Mädchen als Jungen. Wie viele mehr sind es?

j) Der Vater hat zwei Kisten Saft gekauft. Wie viele Flaschen sind es insgesamt?

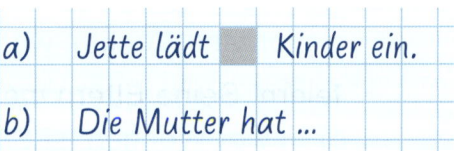

| a) | Jette lädt | | Kinder ein. |
| b) | Die Mutter hat ... | | |

Vorsicht! Nicht alle Fragen kannst du beantworten!

Finde selbst passende Fragen und schreibe sie auf.

138

Justus' Geburtstag

 1 Justus plant seinen Geburtstag. Er möchte im Garten feiern und grillen.
Woran muss er denken? Erzähle.

 2 Justus möchte 11 Kinder einladen.
Reicht der Platz auf den zwei Gartenbänken?

3 Es soll gegrillte Würstchen geben.
Wie viele Würstchen kaufen sie ein? Überlegt gemeinsam.

 4 Zu den Würstchen soll es Weißbrot geben.
Wie viele Brote kaufen sie ein? Was überlegt ihr euch?

5 Justus möchte möglichst lange mit seinen Gästen
feiern. Seine Eltern meinen, 4 Stunden reichen.
Spätestens um 18.30 Uhr soll Schluss sein.
Welche Uhrzeit schreibt er auf seine Einladung?

Liebe Jette,
ich lade dich zu
meinem Geburtstag
am 7. Juni herzlich ein.
Das Fest beginnt um ....
Dein Justus

6 Justus kann seinen Geburtstag kaum
erwarten. Wie oft muss er noch schlafen,
bis es endlich so weit ist?

 7 Überlegt, ob die Antworten stimmen können. Begründet.

a) Alle Kinder essen Würstchen. Justus kauft 22 Würstchen ein.

b) Justus schreibt auf seine Einladung: Das Fest beginnt um 13.30 Uhr.

Öffnungszeiten

Winter (1.11.–31.3.)
9.00 Uhr – 17.00 Uhr

Sommer (1.4.–31.10.)
9.00 Uhr – 19.00 Uhr

Die Tierhäuser schließen
im Sommer um 18.45 Uhr,
im Winter um 16.45 Uhr.

Eintrittspreise

Erwachsene	11 €
Kinder 3 – 13 Jahre	6 €
Gruppen (ab 20 Kinder) pro Kind	4 €
Familienkarte (Eltern, max. 3 Kinder)	35 €
Parkticket	3 €

1 Was siehst du auf dem Bild? Erzähle.
Finde Rechenfragen zum Bild.

2 Beantworte die Fragen.

a) Wann schließt der Zoo im Winter?

b) Wann schließt der Zoo im Sommer?

c) Wie viel Euro kostet der Eintritt für Erwachsene?

d) Wie viel Euro kostet der Eintritt für Kinder?

3 Jette geht mit ihrer Oma und Justus in den Zoo. Wie viel Euro kostet der Eintritt?

4 Was kostet der Eintritt, …

a) wenn Jette ihren Geburtstag im Zoo feiert?

Wenn ich 9 Kinder einlade und Mama mitnehme …

b) wenn Justus und Jette mit ihrer Klasse und ihrer Lehrerin in den Zoo fahren?

Wir sind 24 Kinder in unserer Klasse.

5 Es ist 14.00 Uhr. Wie lange hat der Zoo noch geöffnet?

Und wenn jetzt Winter wäre?

6 An wie vielen Tagen im Jahr gilt die Sommeröffnungszeit?

Fütterungszeiten der Tiere

Krokodile	sonntags	15.00 Uhr
Nasenbären	sonntags	14.30 Uhr
Seelöwen	täglich mit Vorführung	15.30 Uhr
Tiger	täglich außer montags	15.30 Uhr
Affen	täglich	siehe Aushang am Gehege

1 Kugel Eis	1 €
Melone	1,50 €
Limo	2 €
Bockwurst	2,50 €
Tierbuch	5 €
Stofftier	7 €

7 Beantworte die Fragen.

a) Wie viel Euro kostet eine Kugel Eis?
b) Wie viel Euro kostet ein Tierbuch?
c) Wie viel Euro kostet eine Limo?
d) Wann werden die Nasenbären gefüttert?
e) Wann werden die Seelöwen gefüttert?

8 Beantworte die Fragen.

Wie viel Euro kosten …
a) zwei Kugeln Eis?
b) drei Limos?
c) zwei Bockwürste?
d) vier Tierbücher?

9 Heute ist Mittwoch. Jetzt ist es 14.15 Uhr.
Welche Fütterungen finden noch statt?

10 Überprüfe die Aussagen. Kann das sein?

a) Justus kauft für sich und Jette ein Eis. Er bezahlt 20 €.
b) Es ist 15 Uhr. Der Zoo schließt in 10 Stunden.
c) Jette kauft am Kiosk ein. Sie bezahlt genau 12 €.

Lies genau.

11 Justus hat der Zoobesuch gut gefallen. Zwei Wochen später geht
er mit seinen Eltern und seinen zwei Schwestern wieder hin.
Sein Vater bezahlt den Eintritt und das Parken mit einem 50-€-Schein.
Wie viel Euro bekommt er zurück?

 Informiere dich über Eintrittspreise, Öffnungs- und Fütterungszeiten im Zoo
in deiner Nähe. Schreibe und rechne selbst Rechengeschichten dazu.

Mathe-Lexikon

Gerade und ungerade Zahlen

gerade Zahlen 2, 4, 6, 8, 10, 12, 14 …   ungerade Zahlen 1, 3, 5, 7, 9, 11, 13 …

Zehner und Einer

   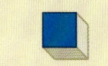   

der Zehner   der Einer   7 Zehner und 6 Einer   ㉓ die Zahl

② ③ die Ziffer

Nachbarzahlen

4̲5̲, 46, 4̲7̲
5̲9̲, 60, 6̲1̲
7̲8̲, 79, 8̲0̲

Nachbar-Zehner

20, 25, 30
50, 51, 60
30, 39, 40

Zahlen vergleichen

45 ist größer als 25.   45 > 25

59 ist kleiner als 60.   59 < 60

78 ist gleich 78.   78 = 78

Geometrische Körper

   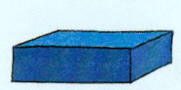   

der Würfel   der Quader   die Kugel

der Zylinder   der Kegel   die Pyramide

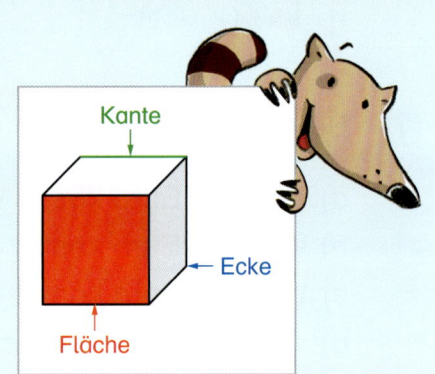

Lagebeziehungen

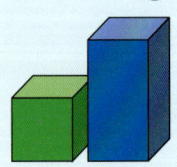   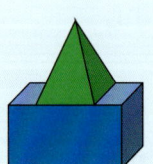      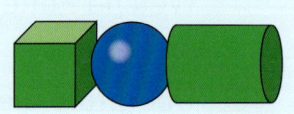

links von – rechts von   auf – unter   vor – hinter   zwischen

Würfelgebäude

3	2	1	3
2	1	1	2

das Würfelgebäude   der Bauplan

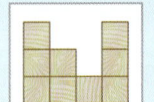 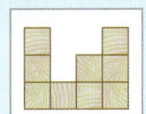  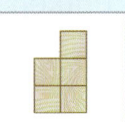

die Ansichten

Symmetrie

   die Symmetrieachse

Eine Figur ist achsensymmetrisch, wenn die beiden Hälften beim Falten genau aufeinanderpassen.
Die Faltlinie ist die Symmetrieachse.

Umkehraufgaben

36 **+** 24 = 60 die Aufgabe   5 · 7 = 35

60 **−** 24 = 36 die Umkehraufgabe   35 : 7 = 5

Tauschaufgaben

36 + 24 = 60 die Aufgabe   5 · 7 = 35

24 + 36 = 60 die Tauschaufgabe   7 · 5 = 35

Werkzeugkoffer für Rechenwege

Plusaufgaben

Zum Zehner

37 + 9 = ___
37 + 3 + 6 = 46

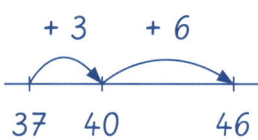

+ 3   + 6

37   40   46

Minusaufgaben

Zum Zehner

64 − 9 = ___
64 − 4 − 5 = 55

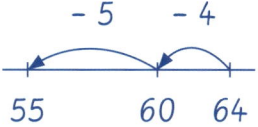

− 5   − 4

55   60   64

Du kannst entscheiden: Gleichung oder Rechenstrich.

In Schritten

37 + 29 = ___
37 + 20 + 3 + 6 = 66

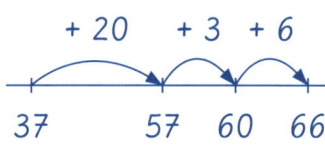

+ 20   + 3   + 6

37   57   60   66

In Schritten

64 − 59 = ___
64 − 50 − 4 − 5 = 5

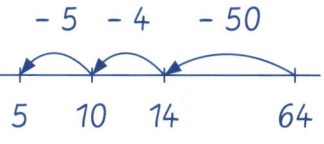

− 5   − 4   − 50

5   10   14   64

Bei diesem Koffer kannst du auch andere Rechenschritte wählen.

Mit der Zehnerzahl

37 + 29 = ___
37 + 30 − 1 = 66

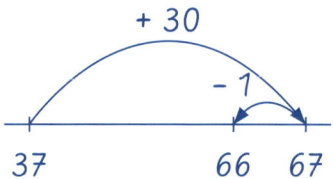

+ 30

− 1

37   66   67

Mit der Zehnerzahl

64 − 59 = ___
64 − 60 + 1 = 5

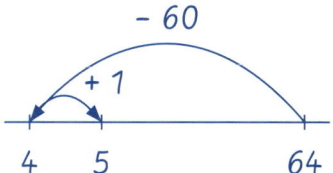

− 60

+ 1

4   5   64

Zehner und Einer getrennt

37 + 29 = ___
30 + 20 = 50
 7 + 9 = 16
―――――――
50 + 16 = 66

Ergänzen

64 − 59 = ___
59 + 5 = 64

Mathe-Lexikon

Wichtige Malaufgaben

Kernaufgaben

1 · 1 = 1	**2** · 1 = 2	**5** · 1 = 5	**10** · 1 = 10
1 · 2 = 2	**2** · 2 = 4	**5** · 2 = 10	**10** · 2 = 20
1 · 3 = 3	**2** · 3 = 6	**5** · 3 = 15	**10** · 3 = 30
1 · 4 = 4	**2** · 4 = 8	**5** · 4 = 20	**10** · 4 = 40
…	…	…	…

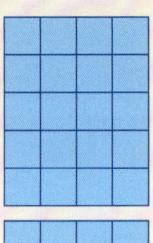

> Die Kernaufgaben lerne ich auswendig.

Quadrataufgaben

1 · 1 = 1
2 · 2 = 4
3 · 3 = 9
4 · 4 = 16
…

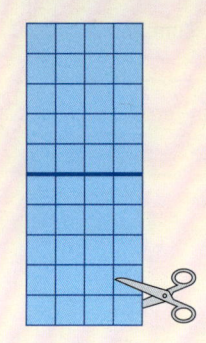

Mit Kernaufgaben rechnen

6 · 4 =
————————
(+) 5 · 4 = 20
1 · 4 = 4
————————
20 + 4 = 24

9 · 4 =
————————
(−) 10 · 4 = 40
1 · 4 = 4
————————
40 − 4 = 36

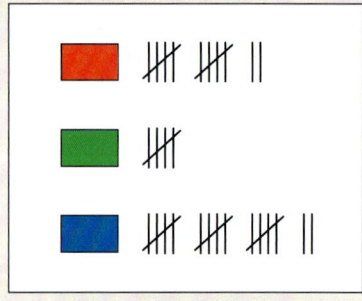

Schaubilder

Farbe	Anzahl
Rot	12
Grün	5
Blau	17

die Tabelle

das Säulendiagramm

die Strichliste

Wahrscheinlichkeit

Jette zieht einen roten Baustein. Das ist …

sicher   wahrscheinlich   unwahrscheinlich   unmöglich

möglich